さよさんの「きれいが続く」収納レッスン

整理収納アドバイザー　小西紗代

片づけやすさの**カギ**は、
グッズ活用術にある！

講談社

はじめに

Before the Lesson

収納マニア歴25年以上の私。思い起こせば独身時代から、ちょこちょこ物を整える習性がありました。きっかけは当時勤めていた幼稚園の保育室。慌ただしい日々の保育をスムーズに行うため、よく使うハサミ、のり、ホチキス等の文具を使いやすい場所に納め、ワンアクションで取り出せるようにし、毎日、子ども達にケガ等のトラブルがないよう、「快適に過ごせる保育室」に整えるところから始まったように思います。

その頃はまだまだ100円ショップも普及しておらず、お菓子の空き缶に文具を、プリンの空き瓶に輪ゴムを……いわゆる「廃材」を用いた収納でした。結婚後も、家にある「廃材」を利用した収納をしていましたが、何となくしっくりこない……当時もオシャレな収納グッズは販売されていましたが、まだまだ私にとっては高嶺の花。100円ショップで購入した間に合わせの物でしのぎ、「収納グッズにお金をかける」意識はなく過ごしていました。

現在のように、使う場所や用途にあった収納グッズで家を整えるようになったのは、今の家に引っ越してから。「新しい家に似合う機能的で美しい収納にしたい！」この思いで一念発起。ちょうどその頃、神戸にＩＫＥＡがオープンし、収納グッズも１００円ショップの他に無印良品、ホームセンターやネットショップ等、様々な店舗で手軽に購入できる機会が増え、私の願いは叶いました。

しかし、今のような完成形になるまでには失敗を繰り返し、たくさんの授業料（失敗グッズを買ったお金）を納めました。値段、勢いだけで購入してしまったサイズがバラバラな箱、開閉がしにくい引き出し、すぐに壊れたケース……この授業料のお陰で「収納グッズ研究家」と名乗れるほどの知識を得て、今ではお客様や受講者様のお役に立てるようになり、「授業料は無駄ではなかった」と確信しています。

物を管理しやすい収納グッズは、安い物から高い物まで色々あります。できれば私のような無駄な買い物、無駄な出費をせず、本当に使える収納グッズを取り入れていただきたい！　その思いで、本書を書きました。本書をきっかけに、貴方《あなた》の家の収納が、機能的で美しく、ストレスフリーに変わることを心から願っています。

もくじ

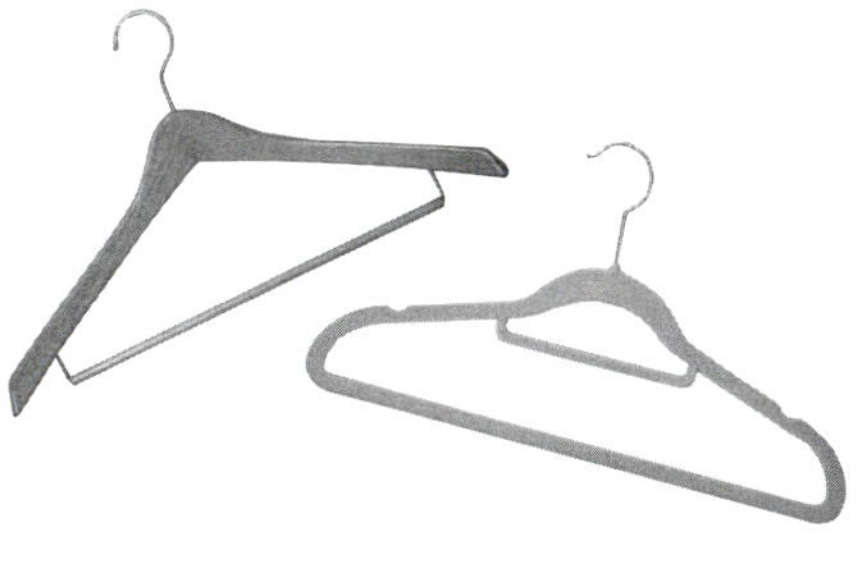

本書に掲載の商品情報は、2017年9月末のものです。掲載商品のほとんどは著者および実例を撮影させていただきました方々の私物であり、取材時にすでに廃番になっている商品もありましたが、参考商品ということで掲載しています。ご了承ください。

人生が好転する収納術5つの鉄則

収納の悩みをきちんと解決した方の多くが、
「片づけるのが楽しくなった！」
「きれいをずっとキープしたくなる！」と
おっしゃいます。
収納を成功させるカギは、とてもシンプル。
そのベースとなる5つの鉄則をお伝えします。

鉄則1

収納グッズは「投資」と考える

家具は「高価な物」で「一生使う物」だった時代から、オシャレで手軽に買い替えられる時代になり、インテリアもファッションのように気軽に替えることが容易になりました。

インテリアや家具が素敵なら、**その家具の中も美しく機能的で素敵に！**　と思うのは私だけではないはずです。美しく機能的な収納にするためには、専用の収納グッズを使用しなくてはいけません。ついつい、お菓子の空き箱や、空き缶を利用してしまいがちですが、それは一昔前の「昭和な収納」です！

間に合わせの空き箱は、物がきれいに納まらないだけでなく、収納スペースに無駄な空間が生まれ、収納量が減り、見た目も悪い！　見た目

が悪いと、「元に戻そう」「片づけよう」とする意識がなくなり、物が出しっぱなしに……。それでは収納の意味がありません。

家具にお金をかけるのなら、その中で使用する収納グッズにもお金をかけることが必要です。今やあちこちに100円ショップやホームセンターがあり、インターネットでも手軽に、しかも安価で収納グッズを購入することができるようになりました。収納グッズを購入するのは、〝きれい〟を維持するための「投資」だと割り切りましょう。

「投資」といっても、決して高価ではなく、どこでも購入できる物を本書では掲載しています。物がきれいに納まれば、「それを乱してはいけない」という意識が働き、家族も元の場所に戻してくれるようになります。

〝きれい〟がずっと続くのですから、多少お金がかかっても、長い目で見ればお安い買い物です。リスクのない収納グッズへの投資、してみませんか？

「きれいが続く」収納はグッズで決まります。

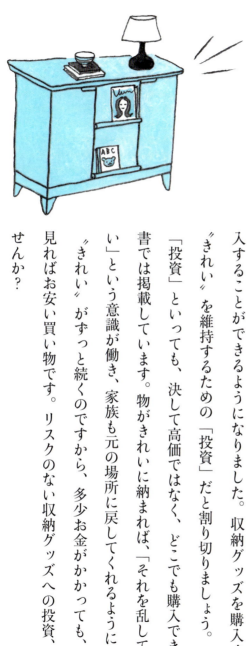

鉄則2

複雑な収納はNG

「がんばって収納をしたけれど、家族が元に戻してくれない……」

よくあるお悩みの一つですが、心当たりはありませんか？

どんな収納をしているのか確かめるため、相談を受けたお宅に実際に伺ったり、収納状況を画像で見せていただいたりすると、「そりゃ難しくて、私でも元に戻すのが面倒になる！」と思わず叫んでしまう収納方法が多いことといったら!!

「物をきれいに納めること」「美しく納めること」に意識がいきすぎて、収納グッズを多用している方がほとんど。目的の物に辿り着くために、扉を開け、収納ボックスを引っ張り出し、さらにその中に入っている箱を開けて、やっと本命を取り出す……。マトリョーシカのような収納を

よく見ます。

家族は、物を使いたいがために、がんばって取り出すけれど、使い終え、目的を果たすと、元に戻すには労力がかかりすぎるので、出しっぱなしにしてしまいます。がんばって収納したことが裏目に出ている残念なケースです。

「美しく納める」意識は素晴らしいのですが、収納は**美しく納めることより、物を使いやすく納めることが重要。**扉の中の収納ボックスの中の箱から取り出すなど、複雑な収納は、開けたり引っ張り出したりの動作数が多く、出すのも片づけるのも面倒です。

使いたい物に辿り着くまでの動作数が少なければ少ないほど、ストレスフリーで取り出しやすい収納になります。**取り出しやすいということは、片づけやすい**ということでもあります。あなたの家の出しっぱなしになりやすい物は何ですか？　それを取り出すための動作数は？　動作数の多い複雑な収納になっていないか、確認してみてくださいね。

鉄則3

貧乏くさいものは「貧乏」を呼ぶ

一昔前の収納方法は、家にある廃材を駆使することが主流でした。お菓子の空き缶に手紙やハガキ、裁縫道具を入れていたのを見て育った世代の私は、ティッシュの空き箱や、牛乳パックを使って仕切ることが〝普通〟だと思い、一生懸命、空き箱、空き瓶、空き缶を集めたりしたものです。たまに素敵な箱に入ったお菓子をいただくと、使うあてがなくても大切に残していました。なぜなら、二十数年前は、今のように収納グッズを手軽に買うことができなかったからです。

当時、婚礼ダンス付属の仕切り板がとても使いづらかったので、どうにかしたいと思い、牛乳パックを下着の収納に利用したことがありました。毎日せっせと牛乳を飲んで12個ほど集めた牛乳パックを、引き出し

の深さにカットしてホチキスで繋げ、１つのパックに下着を１枚収納するシステムは、自分の中でガッツポーズをするほど大満足な仕上がりでした。ところが、使い始めて1年を過ぎると、下着を取り出す時に日焼け後の剝《む》けた皮のような物が下着に付き、大変困ったことがありました。原因は、経年劣化で剝《は》がれた牛乳パックの内側のコーティングでした。一生懸命飲んだ牛乳パックも廃棄することになり、手間暇かけた収納の見返りは一時的なもので、長続きはしませんでした。

廃材はそれ専用に作られた物ではないので、収納には適していません。そして、廃材を利用した収納は、貧乏くさく、結局はやり直すことになってしまう中途半端な収納です。お金をかけず一時的には完成したとしても、前述の牛乳パックのように使えなくなったり、無駄な労力と時間が取られることになりかねません。**廃材を利用するのではなく、それぞれの用途にあった収納グッズを選ぶことが大切です。**それを本書で詳しく解説します。

鉄則4

目指すは胸キュン収納

家の中にある収納、例えば扉や引き出しを開けた時、あなたはどう感じるでしょうか？　「今日もスッキリ、美しい！」または、「あー、ぐちゃぐちゃ。何とかしなきゃ」。真っ先に思うのはどちらでしょうか？

半年間の整理収納レッスンを受講された方の報告で多いのが、「何も用がなくても、引き出しの中を見に行く♡」です。物を一つずつ精査して、必要な物だけになった美しい収納。それらは扉の中や引き出しの中にあり、インテリアのように常に観賞できないので、用もないのにわざわざ収納を見に行くのだとか。愛しい恋人に会いに行くような気分で、引き出し、扉を開けては「胸がキュンキュンする」そうです。

収納部分はプライベートスペースなので、家族に見せるくらいしかな

いと思いきや、家族だけでは物足りず、他の人に見せたくなって人を招き、一緒に胸キュンしてもらう方も大勢いらっしゃいます。

ここまでくると、**きれいな状態を維持すべく、不要な物は買わなくなるので、物は増えないし、無駄な出費もなくなり、「きれい」がずっと続き、経済的効果にも繋がります。**また家族も「きれいを乱してはいけない」という意識が働き、片づけも協力的になる「きれいのスパイラル」に！

胸キュン収納はとても簡単！

①持っていて**幸せな気分になる物だけ残す**
②それらを使いやすいように**収納グッズを揃えて納める**

これだけです。あなたも扉を開けた時、引き出しを開けた時、胸がキュンキュンするほど美しい収納にしてみませんか？

鉄則5

マイルールを3つ決める

「きれい」がキープできる収納にするポイントは、収納グッズを揃えること。「取りあえず」「間に合わせ」で購入したものは、サイズも色もバラバラで使いづらく、見た目も悪く、非常に残念！　もったいない！　がんばって物を整理した後の、最後の仕上げとなる収納は、見た目にも美しい、胸キュン収納を完成させましょう。ポイントは3つ。色、素材、形です。

①色　ベースとなるカラーを決めましょう。販売されている収納グッズは白が多いですが、「絶対白でないといけない」という訳ではありません。だからといって、てんでんばらばら、目がチカチカするような配色

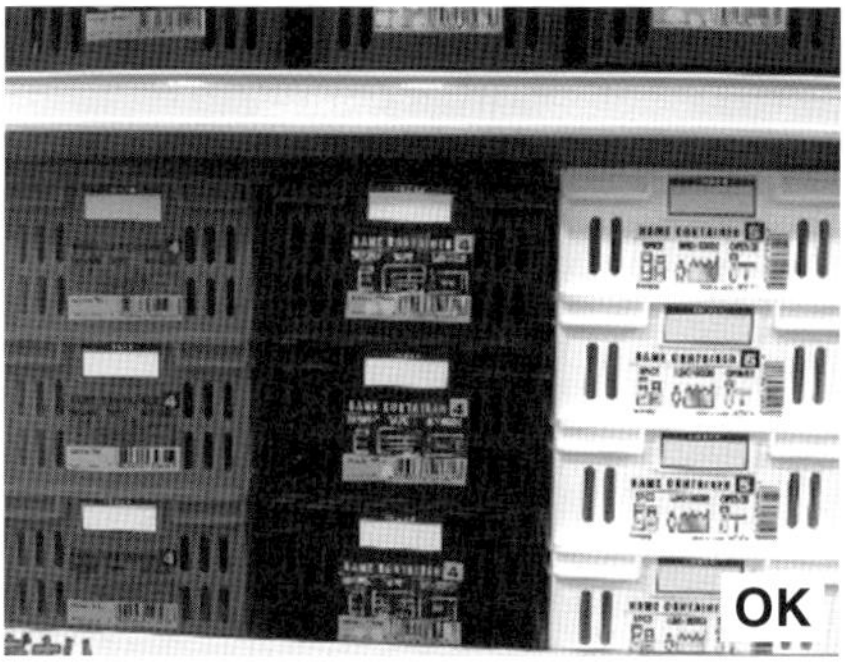

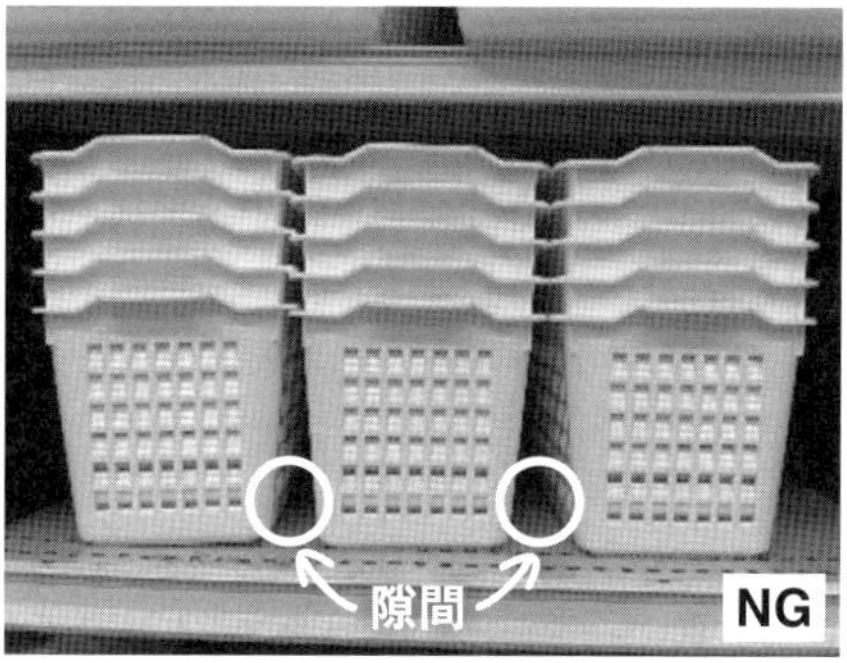

もＮＧ。引き出しの中、扉の中もインテリアと同じ色、または似た色を用いて統一感を出しましょう。そうすることで、見た目スッキリ、気持ちもスッキリ！

②素材　プラスチック製やスチール製の物が丈夫で長持ちし、手入れも簡単です。紙の素材は、リビングや子ども部屋で使用できても、水回りで用いると、湿気を含んでしまい劣化しやすくなります。木は調湿作用にすぐれていますので、先祖代々伝わる大切な物（掛け軸や壺等）の保管に向きます。どこで何に使用するか、使用場所と用途を考えながら取り入れましょう（Ｐ64素材別一覧表参考）。

③形　無駄な空間を作らないために、「角」にこだわって、直角の容器を探しましょう。そして、２段、３段に重ねられるかどうかが重要です。入れ子になる形は、側面が内側に入っていますので、並べると隙間ができ、無駄な空間が生じます。収納が苦手と感じる人は、僅《わず》かな隙間も見逃さず、そこに物を入れてしまうので、注意が必要です。

part 2

さよさん流
収納グッズの選び方

「どんなグッズを使えばいいですか？」
これが最も多く受ける質問です。
その答えをお教えするべく、
今、私が「使いやすい！」「便利！」と愛用しているグッズを紹介します。
ここにある選び方と使い方を参考に、
あなたに合ったグッズを見つけましょう。

私のところには、収納グッズについてたくさんのお悩みが寄せられています。

耐久性を考えず買ったので失敗！

「毎日使うのですぐボロボロになってしまった」「水まわりで使うのに紙製だった」なんてことはないでしょうか？　どこで使うか（場所）、どれくらいの頻度で使うか（時間）、どんなふうに使うか（目的）をしっかり考え、購入しましょう。

物を整理していないのに収納グッズを買ってしまった！

収納グッズを購入してから整理するのは、順番が逆。購入した容器に「入る分だけ納める」「入らなかった物を処分できる」のであれば良いですが、「納まらない物を別の場所に収納する」のでは、物があちこちに分散され、かえって使いづらくなります。サイズ的に入らない洋服を「素敵！　可愛い！」だけで買いますか？　収納グッズもそれと同じこと。まずは物を整理してから、収納グッズを選びましょう。

オシャレ！ 可愛い！ だけで買ったので失敗！

「カッコいい」「色がきれい」「形が可愛い」と見た目だけで購入するのは失敗のもと。インテリアや、既存の収納グッズの色、素材と合っていますか？ バラバラだとそこだけ浮きます。同じテイストで揃えることが、スッキリ見えるポイントです。

購入したけど入らなかった！

収納グッズを使う場所のサイズをしっかり測りましたか？「1㎜違っただけで入らなかった！」ということが多々あります。無駄な買い物を増やさないよう、しっかりサイズを測りましょう（P34参照）。

口コミや評価だけで買ったので失敗！

手軽にネットショッピングができるようになったので、レビューや評価だけを読んで購入し、失敗した……。

なんてことありませんか？現物を見ずに購入すると、失敗する確率が上がります。見て、触って購入すると「これは正解」「これは違う」がわかります。

何人もの人が陥りやすい、収納グッズの買い方

失敗する原因として、サイズを測っていない、デザインに惹かれて衝動買い、というのが多いのですが、他にも収納グッズ購入で失敗した人にお話をうかがってみてわかったのが、次にあげる3つのパターンです。

✕本、ネット、SNSで紹介された物をすぐに買ってしまう

「プロの○○さんも使っている」「オシャレな○○さん愛用」という言葉に惑わされて購入するのは大間違い。その人とあなたの家にある物は、同じでしょうか？　物だけでなく、収納場所や使用頻度はその人と同じ、または似ていますか？　本書も含め、**誰かがすすめる物が、全てあなたの家や、あなたの使い方、価値観に合うとは限りません。**「便利そう！」と思っても、すぐに購入するのではなく、**まずはサイズを測り、それを置いた時、どんなふうに使うかをシミュレーションしてから購入**しても遅くはありません。勢いで購入せず、まずは一呼吸おきましょう。

✕「○○の商品だから安心」で買ってしまった

「Aショップの○○を買ったのですが割れてきたんです」「Bショップで○○を買い足

厳しく例をあげましたが、失敗が悪いのではなく、次に繋げる授業料だと割り切って、今度からあなたに合ったピッタリのグッズを見つけましょう。

したらサイズが違って合わないのです」というお悩みをよく聞きます。収納が好きな人の中には、特定のメーカーの信者がいます。**「そのメーカーを使っていれば安心」だと思っているようですが、それは「妄信」です。**そのメーカーを信頼するのは悪いことではありませんが、メーカーにはそれぞれ得意としている物がありますので、**得意分野に合ったメーカーの物を購入すると、成功確率が上がります**（メーカーには保証期間があるので、購入した物に不具合があった場合は、カスタマーセンターに問い合わせてみましょう）。

✕「似ているから大丈夫！」と思い買ってしまった

ある商品がヒットすると、それにソックリな廉価版が現れます。**「本物は高くて買えないけれどこれなら……」と妥協して購入すると100％失敗します。**何故ならそれは、その商品ではなく**「似ている商品」**でしかないから。廉価版なので、素材、サイズ、色が本物とは微妙に違います。使いながら「思ったのとちょっと違う」と違和感を持ち、結局は「本物を買い直しました」という人も中にはいます。収納グッズに限らず**「妥協の買い物はいらない物を増やすだけ」**と肝に銘じましょう。

ついつい買いがちなNGアイテム

人気の収納グッズであっても、使ってみて初めてわかる短所があります。使い勝手を優先するなら、短所をきちんと見極めましょう。

NG ITEM No.1

収納できそうでできない "一見よさげ"ボックス

取っ手がついて、柔らかいフォルムの見栄えの良いボックス。しかも安価なので買ってしまいがちですが、カーブが内側に入っているので収納量は少なく「思ったほど入らなかった」と後悔すること間違いなし。たくさん入らないと割り切って「見せる収納」にするならアリ。

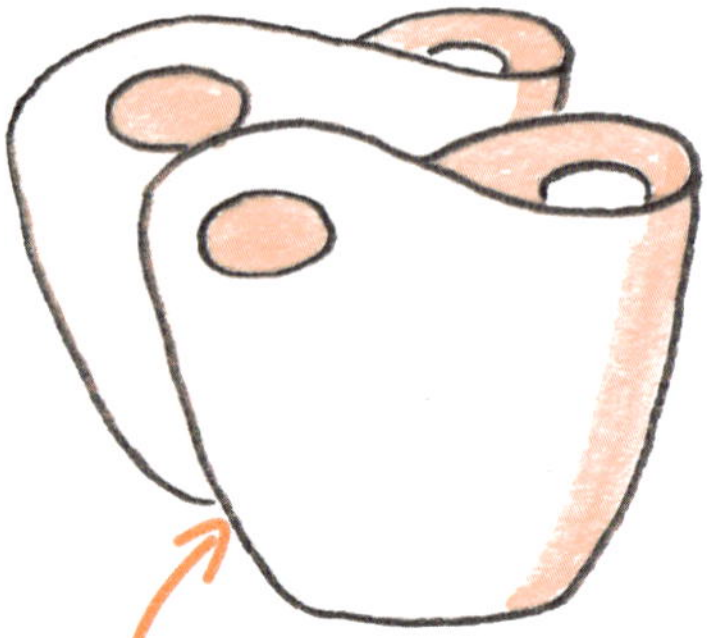

ココがNG!

高さが均一でなく、側面が内側にカーブしているので底面が小さく、収納量が少ない。

NG ITEM No.2

デザイン性を追求しすぎた "めんどう"マグネットケース

商品に個体差があり、開閉しづらい（堅い）物があります。粉末状のスパイスを入れるとふたにも付くので開閉時にこぼれやすい。容量が少ないので収納する物が限られる。落下しないようマグネットが意外と強いので、外す時に力が必要。

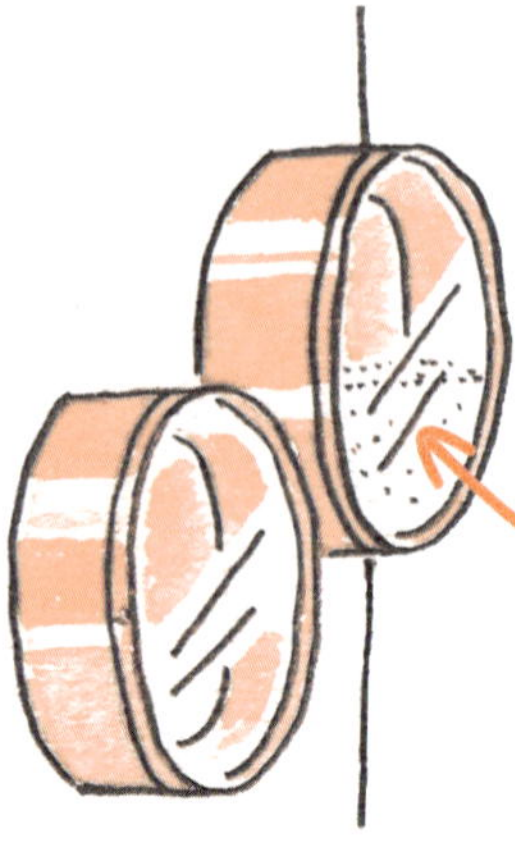

ココがNG!

中の物が下にたまるので粉末状の物を入れるとふたにも付き、開閉時にこぼれる。

NG ITEM No.3

オシャレだけどサイズ感が微妙 "デザイン最優先"棚

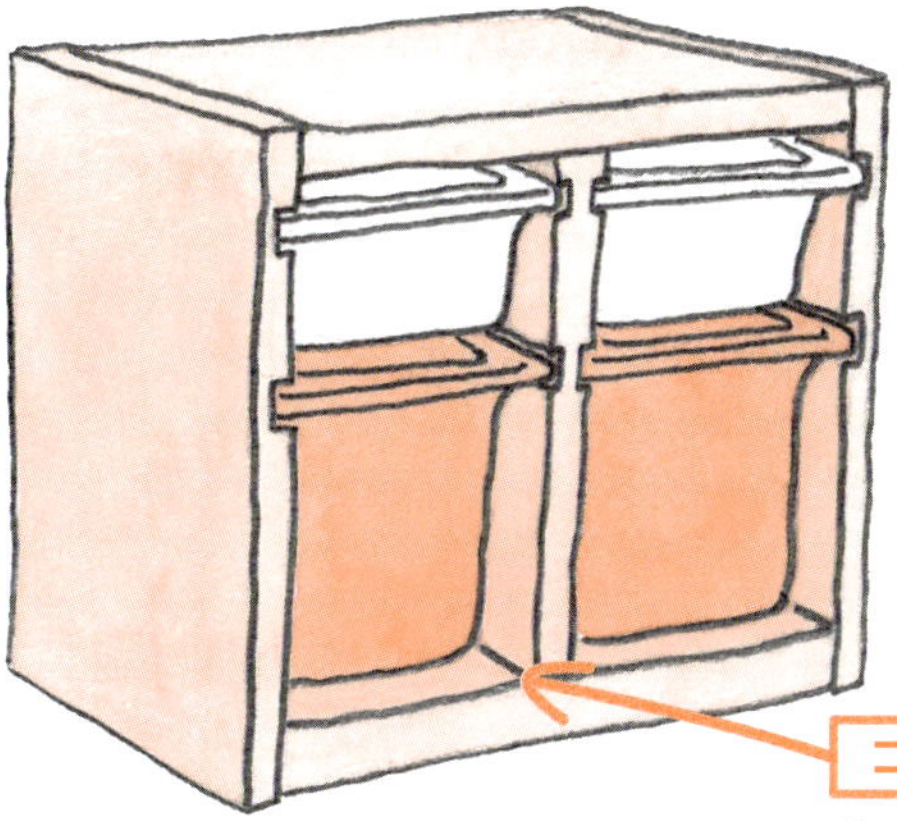

カラフルまたはシンプル、選択次第で自由にアレンジできオシャレ感がありますが、中に入れるボックスのサイズが全て中途半端、角が丸いので収納量が少ない、重さに弱く割れやすい、ボックスを出し入れしづらい等、実用性に欠けます。見た目で選ばないで！

ココがNG!

ボックスが内側に入っているので、フレーム（外枠）との隙間に埃がたまりやすい。

NG ITEM No.4

「見せる収納」ではなく "ホコリたまる"ワゴン

メッシュのバスケットは通気性は良いけど、衣類などを入れると上の衣類の埃が下に落ち、下の衣類や床にも埃が積もります。枠が組み立て式のため、バスケットの引き出しがスムーズにできない、力を入れると枠から外れる等、使い続けると不具合が出てきます。

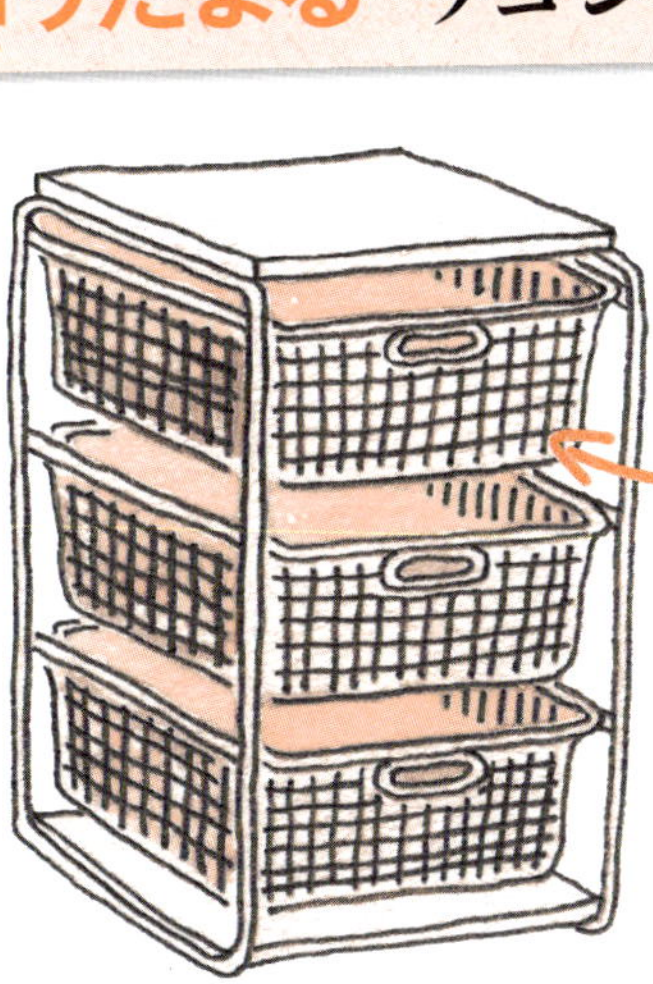

ココがNG!

メッシュ素材は中身が見えて便利だが、埃もたくさん通す。各ボックスの底にプラスチック段ボールを敷くと埃の落下を防げる。

NG ITEM No.5

期待を裏切る収納量 "輪がたくさん"ハンガー

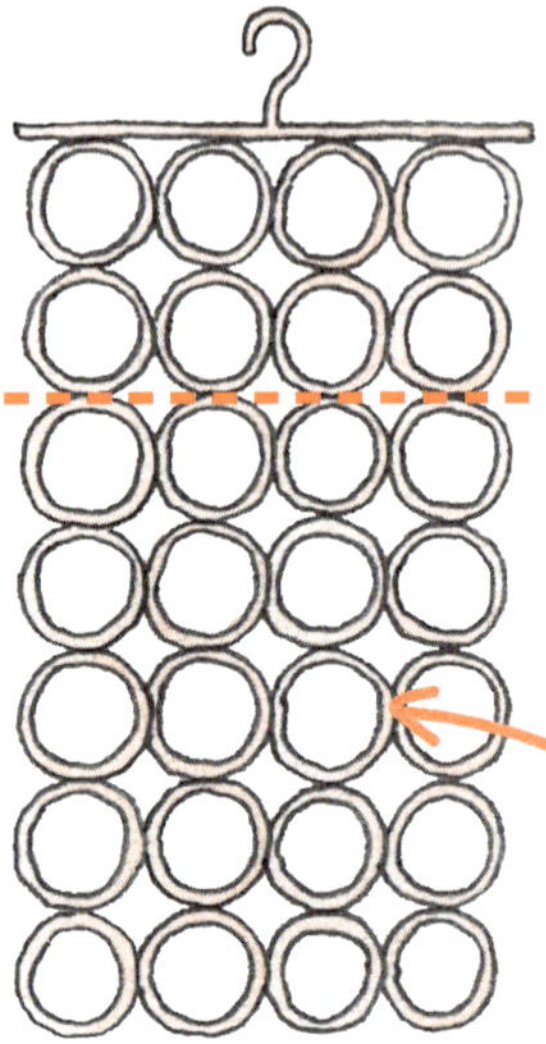

ネクタイやスカーフを穴に通すだけの簡単収納ですが、上の穴に通した物が下に垂れさがり、下の穴が塞がるので、それを除けて穴に通すのは面倒。全ての穴を使おうとすると、通すのも、抜き取るのも大変なので、上2列を残してカットするなど対策を。

ココがNG!

全ての穴に通すと、下のほうは上の物に隠れ、何があるかわからなくなる。

NG ITEM No.6

収納するまで気がつかない "思ったより小さい"引き出し

引き出すための手を入れるスペースが引き出し内の出っ張りとなり、仕切り用のトレーを入れたときに手前に無駄な空間ができてしまいます。取っ手がない分、見た目はスッキリしているが、本体サイズに対して容量が少ない。

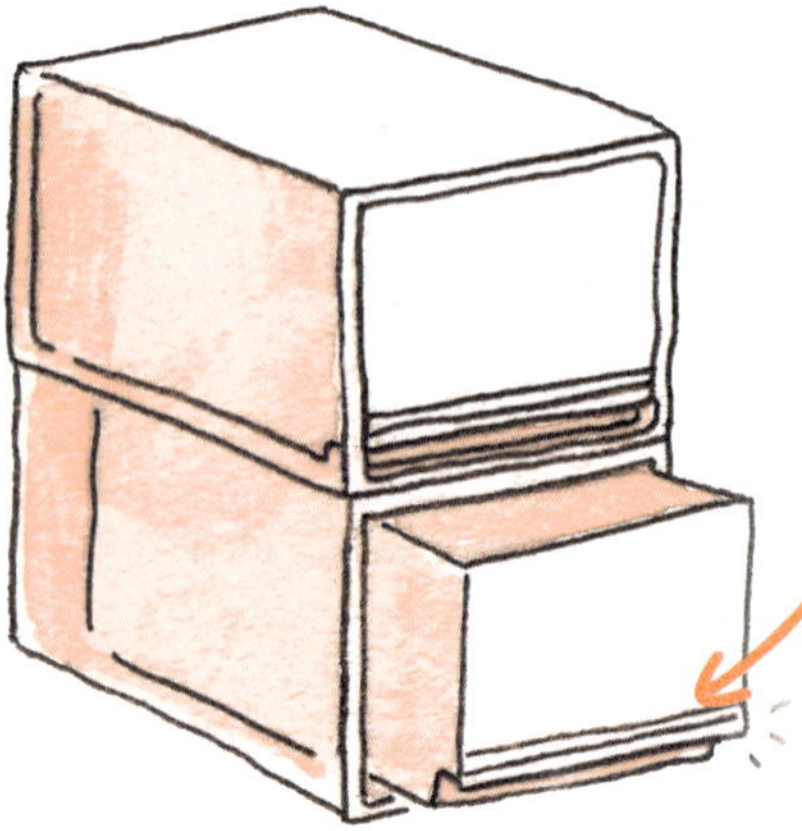

ココがNG!

この部分で容量が減ってしまう。引き出し収納は「Like it」(吉川国工業所)のシリーズがおすすめ。

NG ITEM No.7

使いやすそうだけど、“取り出しにくい”収納ケース

正面がフラップ扉で一見使いやすそうに見えますが、衣類を重ねれば層になり下の物が取り出しにくく、ペットボトル等を立てて収納すれば奥の物が取り出しにくい。使用頻度の低い物（非常食等）や季節外の衣類の保管ならOK。

ココがNG!

大きく開くので前面は取り出しやすいが、奥の物が取り出しにくい。

NG ITEM No.8

デザイン・機能性ともに残念な“いいとこなし”ハンガー

パンツやストール等の長い衣類を掛けるハンガー。上段に衣類が掛かっていると、下段を使う時、上段の物を除けて掛けないといけないので、その手間が面倒。また左右から差し込むので、出し入れ時、バランスを崩すとスルッと抜け落ちることも。

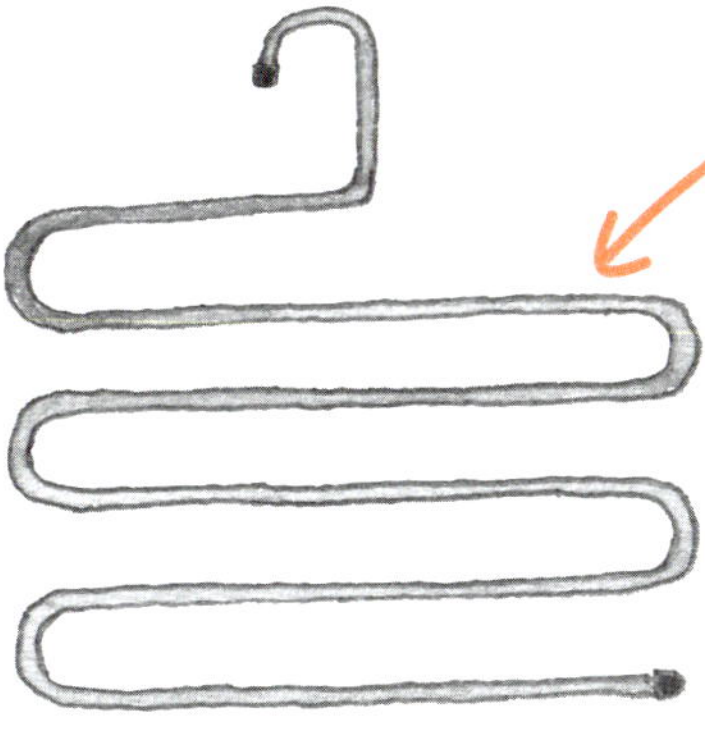

ココがNG!

「重い」「スルスル落ちる」「右から左から差し込むので使いづらい」の三重苦。

「便利そう」と「便利」は違う

100円ショップの落とし穴

～物を購入する時の注意点～

100円ショップに行くと、ついつい目新しい物に飛びつき、あれもこれも買ってしまう……ということはないでしょうか？　雑誌やテレビで見た物、インターネットやSNSで紹介されていた物だからと情報を妄信し、「100円だから……」とつい買ってしまうのは、失敗のはじまりです。私は物を購入する前、

①これを使うシチュエーションは？

②これを使って（購入して）暮らしに良い変化が現れるか？

③収納場所はあるか？

この3つを確認しています。「たった100円でも」です。ついつい「便利そう！」と思って購入しても、「結局使わなかった……」ではお金

100円ショップで気をつけたいこと

仕切りトレー

100円ショップのトレーは仕切りが取り外せる物を購入しましょう。仕切りが固定された物は使いづらい。

ファイル

仕切りがたくさんあるファイルは、便利ですが、耐久性が弱く長持ちしません。

100円ショップ使い分け

ダイソー
生活便利グッズを購入するのにおすすめ。
例ワンキャッチ、コードクリップ、コード整理グッズ、グラス、ガラス類

セリア、Can☆Do
収納用品を購入するのにおすすめ。
例キッチントレー、メッシュカゴ、S字フック

と、それを納める空間が無駄です。「便利そう」と購入した後、実際に使用してみると、「手入れが大変」「カラフルなのでそれだけ目立ってインテリア（または収納）に馴染まない」などの理由で、使わなくなってしまう物もあります。

そういった物を処分できる人はまだいいのですが、たかが１００円、されど１００円。整理が苦手な人は、１００円の物でも一度家の中に入った物を手放すことが難しく、永遠にそのまま……ということも。

１００円ショップに限らず、物を購入する時は、「便利そう」と思って飛びつく前に、右記3点を思い浮かべるとともに、「それがないと困るかな？」「それがないと不便かな？」と、一呼吸置いて冷静に考えてから、購入するかどうか判断してみてください。そうすると、家の中に不要な物が増えることがなくなりますし、無駄な出費も抑えられ、経済的効果も見込めます。

「誰でも成功する!」収納グッズを買う前の5ステップ

**「収納グッズを買うだけで部屋がきれいになる」と思っていませんか?
グッズを購入する前に、必ずしなければならない掟《おきて》があることを知ってください。**

STEP 1

整理する

「どんな収納グッズを使えば良いですか?」は、よくある質問、第1位です。収納がうまくできない理由をグッズのせいにしている人が多いのですが、それは大間違い! 収納グッズが悪いからではなく、**物が多いから!** これに尽きます。家にある物を把握していますか? 本当に必要な物だけで生活をしていますか? 使いづらい物や気に入らない物等、紛れていませんか?

収納の前には整理が必要です。 整理とは物を捨てることではなく、好きな物を選んで残す作業です。一つ一つの物を手に取り、**「気に入っているか?」「使って幸せな気分になれるか?」** 確認してみましょう。収納はそれからです。物が少なければ、収納グッズが必要ないこともあるのです。

STEP 2

グループピングする

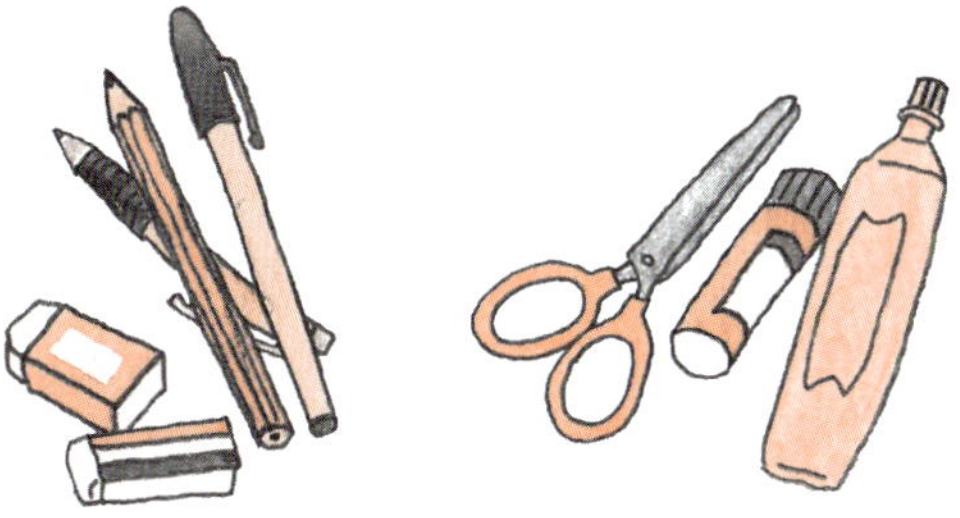

厳選されたお気に入りの物だけを、**使いやすく納めるには、まず同じ用途の物をまとめる**こと。例えば「封筒、便箋、切手、ペン」でまとめるレターセットや、「ガムテープ、紐、ハサミ」でまとめる梱包セットなど、一緒に使う物が一度で取り出せるように、まとめて納めることを「グループピング」といいます。

「同じ用途の物をまとめる」以外に、**「使う場所で納める」グループピング**もあります。例えばハサミ。文具コーナーに納めるだけでなく、クローゼットで衣類のタグを切る、救急箱の包帯を切る、洗面所や、キッチンでパッケージを開封する等、使う場所ごとに納めれば、わざわざ文具コーナーまで、ハサミを取りに行くことがなくなります。一ヵ所に何本もハサミを納めるより、家中に分散させたほうが効率的です。家中見渡して、「ここにあれば便利かも？」を探し、**グループピングすることで時短家事にも繋がります。**

STEP 3

物の定位置を決める

物を厳選し、グルーピングをしたら、「どこに収納するか?」ライフスタイルや動線を踏まえ、物の置き場となる「住所」を決めていきます。家の中でいつも出しっぱなしになる物や、すぐにどこかに消えてしまう物はないでしょうか?　それらの物の住所は決まっていますか?　仮に、物の住所が決まっているにもかかわらず、家族が元に戻してくれないなら、もしかするとその場所がしまいづらいのかもしれません。

ポイントは「どこで使うのか」考え、「使う場所の近くに納める」こと。そして**軸を「今」にする**こと。例えば、「子どもが昔、使用していた弁当箱をキッチンに収納する」のは間違い。今は使わないけど思い出があり整理できないのであれば、それは用途に関係なく**「思い出の物」として別の場所に納めます。**物の住所を一つ一つ決めていくのは大変ですが、片づくシステムを作るためには必要な作業です。

STEP 4

仮置き

「物の住所が決まった！」としても、それは仮の住処《すみか》だと思い、しばらくその状態で暮らしてみてください。一度決めた収納場所、自分にとっては使いやすい場所かもしれませんが、家族にとっては使いづらいかもしれません。

例えば、お子様も使う物は、背が届かなくて取り出すのに苦労すると、元の場所にしまわれなくなります。扉を開け、引き出しを開け、その中の容器の中から取り出すような複雑な収納にしたら、家族は面倒がって元に戻してくれないでしょう。公共施設のような、誰でも使いやすい収納にするための、仮置きです。

実際に使うシチュエーションにならないと、気づかないことも多々あります。その場所がしっくりこなければ、しっくりくるまで何度もやり直しをすれば良いのです。収納は逃げません！　面倒だと思わずやってみましょう。

STEP 5

サイズを測る

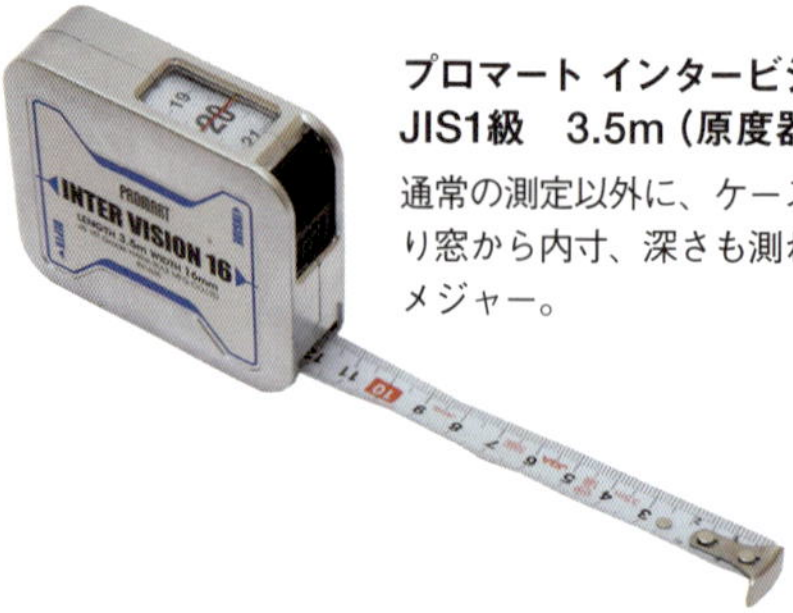

**プロマート インタービジョン16
JIS1級　3.5m（原度器）**

通常の測定以外に、ケースの読み取り窓から内寸、深さも測れる便利なメジャー。

収納グッズを購入し、いざ「入れてみよう」としたら、「微妙にサイズが違って入らなかった」、またはその逆で「中途半端な隙間ができてしまった」という経験、一度はないでしょうか？ **収納はサイズが1㎜違うだけでも入らず、グッズを無駄にすることもあります。** 勘や思い付きで購入するのはもってのほかです。

失敗経験のある方は、購入前、収納場所のサイズをしっかり測りましたか？「しっかり」がポイントです。長さを測るのは面倒な作業ですが、適当なメジャーで、適当に測れば、適当なサイズしかわかりません。**メジャーはJIS規格の物を選び、測る家具や壁に沿わせて測ります。引き出しは、内側の幅（内寸）を測りましょう。** 内寸メジャーを用いれば簡単に内寸も深さも測れます。たとえ100円の収納グッズであったとしても、使えないなら無駄な買い物です。そうならないよう、しっかりサイズを測りましょう。

正しいサイズの測り方

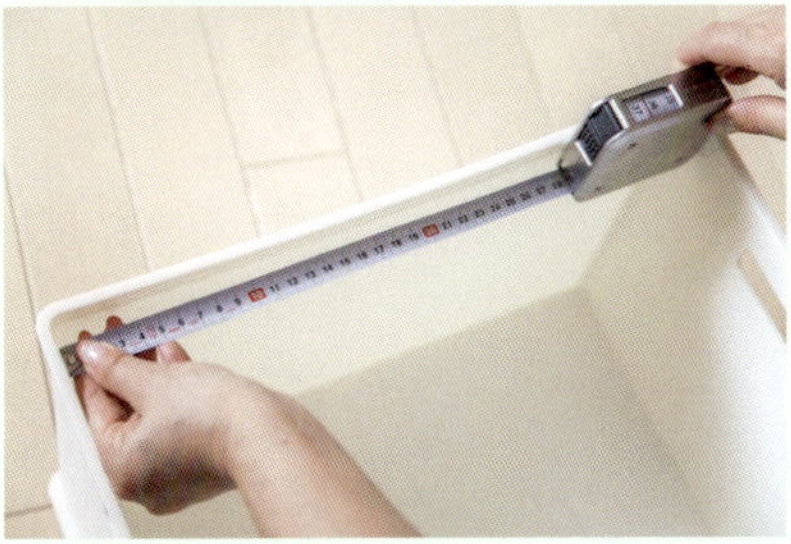

内寸メジャーを使えば、正しいサイズを測ることができます。JIS規格の物を選んで。

引き出し

引き出しは内寸をきちんと測らなくてはいけません。内寸メジャーがあるといいのですが、ない場合にもきちんと正しく測るよう心掛けましょう。

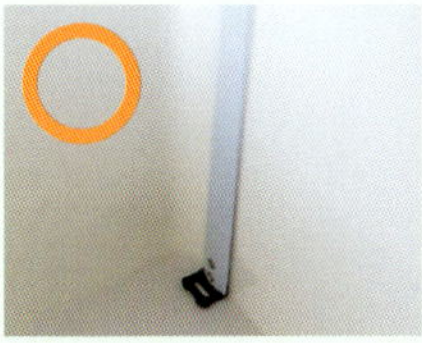

普通のメジャーで内寸を測る時に失敗しがちなのが先の部分を浮かせてしまうこと。きちんと直角に当てて測らないと、誤差が出て泣くことに。

扉付き収納スペース

扉がついた収納は蝶番《ちょうつがい》のスペース内でないと、中に入れた物を出し入れする時、ひっかかります。引き出しにくいなどのストレスのないよう注意しましょう。

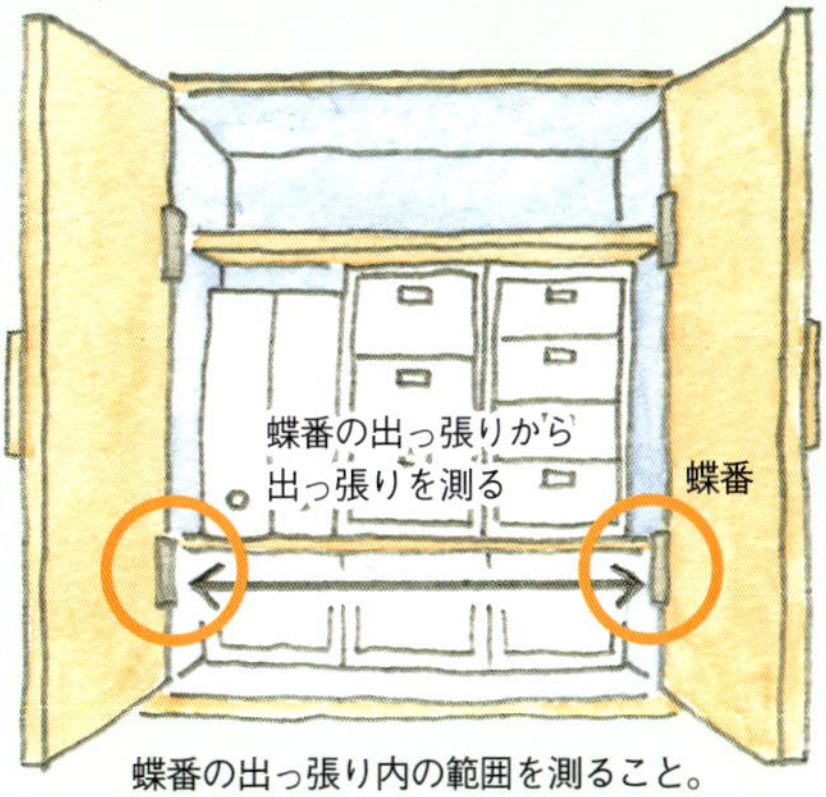

蝶番の出っ張り内の範囲を測ること。

クローゼット

クローゼットの採寸もよく失敗されるところ。クローゼットの内側ぴったりの物を選ぶのではなく、引き出しが開くようにデッドスペースを考慮しましょう。

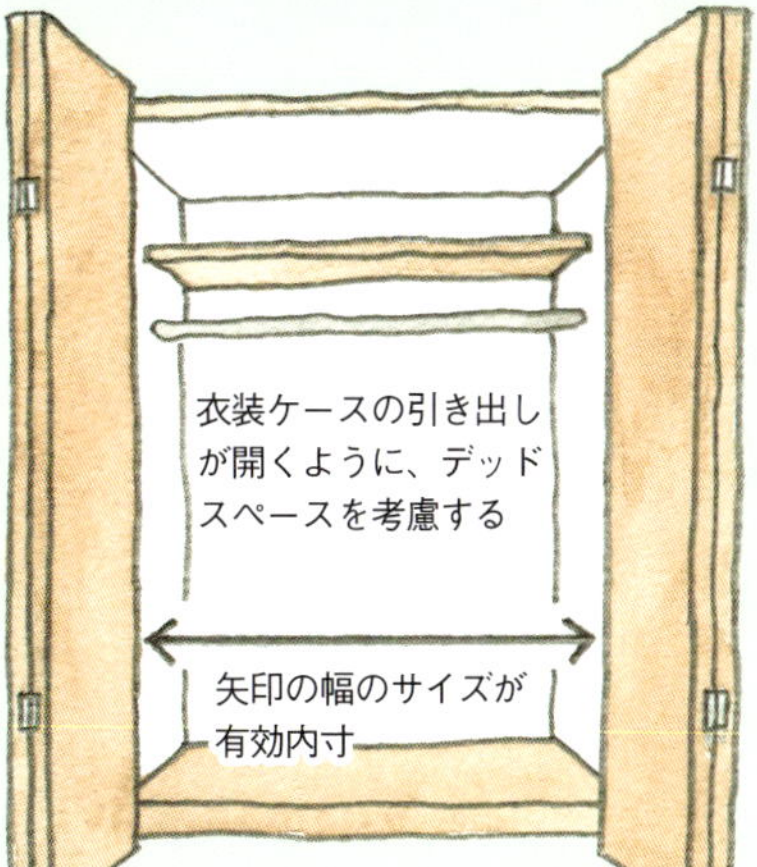

扉と扉の間、矢印の範囲が有効内寸。

無印良品のサイトには、便利な「収納サイズ検索」があります。使いたい場所の横幅、高さ、奥行きを入力すると、そのスペースに合う収納アイテムを選んでくれます。

GOODS No.01 | FILE BOX
ファイルボックス

縦、横、半透明、ホワイト、ホワイトグレーと種類が豊富で家中に使える優れものです。

"美"収納のカギはグッズにアリ！

さよさん流 本当に使える収納グッズの選び方

人気の収納グッズであっても、それぞれの特徴を知り、上手に使い分けることが大事！納める物に合うよう、機能性もしっかり見極め、値段やデザインだけで選ばないようにしましょう。

フレキシブルに使える収納マストアイテム

ポリプロピレンファイルボックス・スタンダードタイプ・A4用 ホワイトグレー（無印良品）

シンプルでデザイン性に優れているだけでなく、水に強く丈夫なので、どんな場所でも使えます。
左／約W15×D32×H24cm 右／約W10cm×D32×H24cm

活用術

自立しない調理器具を入れる（写真上）。15cm幅は洗剤等を入れるのがおすすめ。

活用術

奥行きがない場所では、立ててテキスト等を入れてもOK！倒れにくい。

NGアイテム

紙素材のボックスは使用するうちに劣化し、破れたり底が抜けたりします。ただし、1年管理でボックスごと処分する場合は紙がおすすめです。

※サイズはW＝幅、D＝奥行き、H＝高さで表記しています。

穴あきタイプ

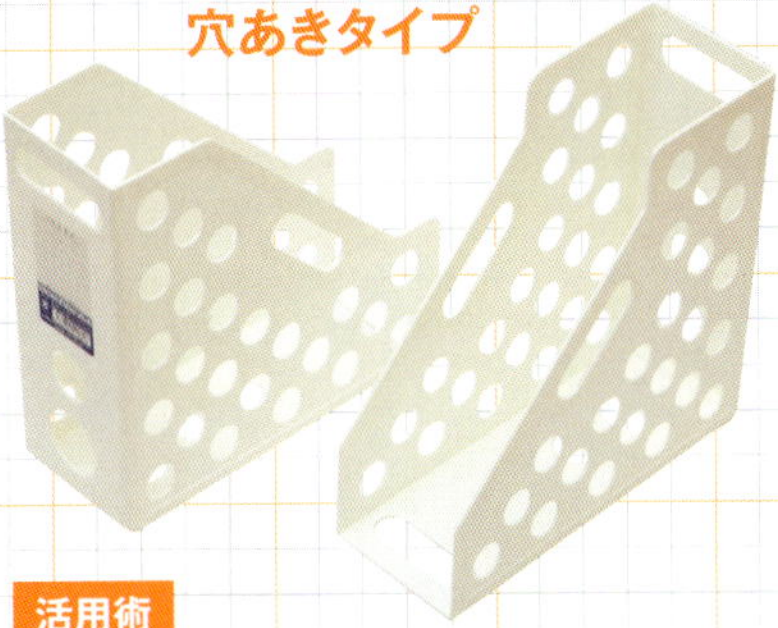

活用術

2個組み合わせて ルーターボックスに

ボックスファイルA4（ダイソー）

ルーターやモデムを入れ、上からもう一つ被せると埃も除けられ存在が目立たない。ACアダプターは外せるので穴から通せます。

W9×D23.7×H23.7㎝

カットタイプ

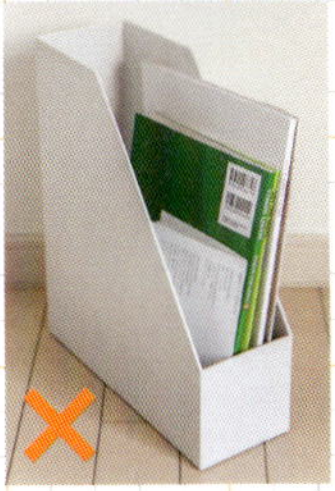

テキストは手前の 立ち上がりがないほうが 出し入れしやすい

A4 FILE STAND（セリア）

テキストを教科ごとにまとめたり、横にしてトレーを入れたり。軽くて倒れやすいため、両面テープでの固定がおすすめ。

W7.3×D25×H32㎝

活用術

調理道具など色々な物の仕切りケースとして活用。

サイドカットタイプ

真っ白の細身の ファイルスタンド

A4ファイルケース オールホワイト（ニトリ）

安価で真っ白なファイルボックス。サイドがカットされているので中身が見える。

左／W16×D31.5×H24㎝　右／W10㎝

収納の万能選手。使い方に合わせて形状を選ぶ

本来、紙類を立てて収納するためのボックスですが、使い方は無限大。紙類だけでなく、洗剤やフライパンを収納したり、自立しないシリコンの型を立てて収納することもあります。縦型、横型、素材、色、サイズ等種類が豊富なので、「何を納めるのか？」をしっかり考え、アイテムに合わせてボックスを選びましょう。

横幅が広いタイプに紙類を入れると、重量が出るため出し入れしづらく、管理が億劫になりがちです。紙類の収納には、薄いタイプがおすすめ。紙素材のボックスよりも強度のあるプラスチック素材を選びましょう。

GOODS No.02 | BOX

ボックス

空間を自由に仕切るボックス。ニトリのインボックスはサイズ、色が豊富で使いやすい。

レギュラータイプ

ハーフタイプ

ふたもあり！

タテハーフタイプ

サイズ違いを組み合わせて積み上げられるのが魅力

インボックス　レギュラー（ニトリ）

シーンを選ばず、様々な物を収納できます。カラーバリエーションが豊富なのでインテリアに合わせても。レギュラー／W38.9×D26.6×H23.6㎝　ハーフ／W38.9×D26.6×H12㎝　タテハーフ／W19.2×D26.4×H23.6㎝

深い引き出しの中を2段にして活用。

活用術

カラーボックスの引き出しとして活用。

規格が統一されているので、サイズ違いでもぴったり積み重ねられ、組み合わせが自由自在。

ぴったりフルに物が入れられる直角のものを選ぶ

ストック品の収納には直角のボックスがベストです。スタッキングできるのはもちろんのこと、カラフルな物を入れても中身が見えず、容器が並んでいるだけで整然と美しいので、「きれいをキープしよう」という意識も働きます。

ニトリのインボックスは、レギュラー、ハーフ、タテハーフ、クオーターと4種類あり、別売りのキャスターやふたもあるので、おもちゃや重い物の収納にも向いています。取っ手用の穴があるので、持ち運びも便利。大きなボックスは安価な紙製や不織布タイプもありますが、重い物を入れるとすぐにダメになるので避けましょう。

出しっぱなしでも
オシャレに見える

重なるブリ材長方形バスケット・大（無印良品）

天然素材でできたナチュラルなバスケット。

サイズが豊富、軽い、見栄えが良い優れもの。

約W37×D26×H24㎝

高さが16㎝のサイズもあり、スタッキングが可能。見た目にもスッキリ。

活用術

別売りのふたを使う場合は、細い針金でくっつけてしまうと開閉がラクになる。

シンプルで
洗練されたデザイン

VARIERAボックス
ホワイト（イケア）

スタッキングはできませんが、サイズは2種類、カラーは5種類あり、手を掛ける穴があるのが便利。

W34×D24×H14.5㎝

活用術

イケアの収納棚を使うなら、サイズが合うイケアのボックスを選ぶこと。

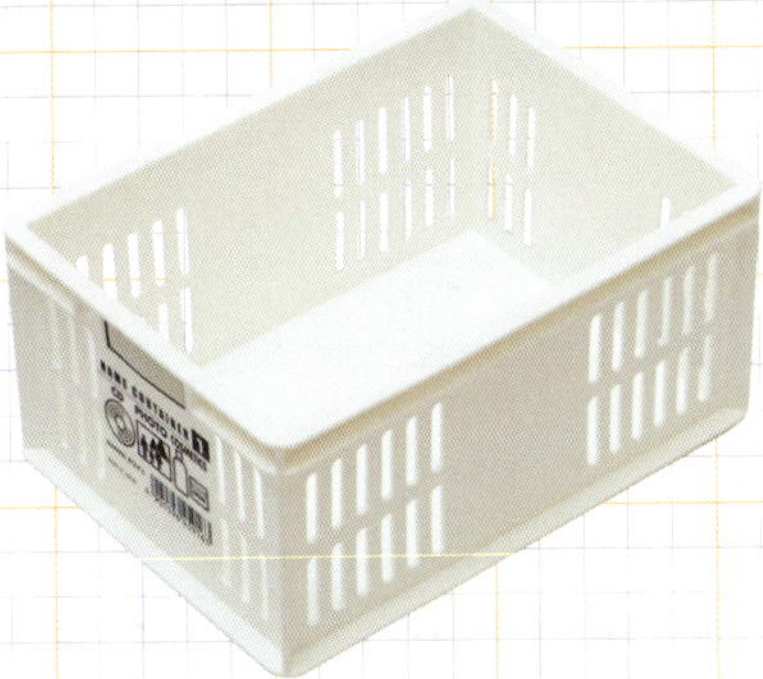

小さな物の収納に活躍するサイズ

コンテナボックス（100円ショップ）

コンパクトなので充電器のような小物収納に向きます。スタッキングできるのもポイント。

W15×D20.5×H9㎝

角が丸く、
重ねられるのが魅力

ポリプロピレン　メイクボックス（無印良品）

文具や洗剤を入れたり冷蔵庫内でトレーとしても活用できます。別売りのトレーをふた代わりにできます。

左／約W15×D22×H16.9㎝　右／ポリプロピレンメイクボックス・½ 約W15×D22×H8.6㎝

GOODS No.03 | BOX

仕切りボックス

あらゆる引き出しで使える仕切りボックス。
スタッキングできるので収納量が増やせます。

どこでも自由に
仕切ることができます

仕切りボックス（セリア）

可動式の板が2枚あるので、好きな所で自由に仕切れるのが嬉しい。
深型／W12×D29.7×H8.4㎝　浅型／W12×D29.7×H6.1㎝

活用術

靴下やタイツなどの衣類の小物を、季節によって上下で分別しています。

手前はスリムタイプ。深型、浅型があります。深型／W24.5×D7.6×H6.2㎝　浅型／W24.5×D7.6×H4.5㎝

100円だからお財布にも優しい！ 家中で採用したいグッズです

100円ショップの仕切りボックス。可動式の仕切り板が2枚付属し、標準サイズの浅型、深型、スリムタイプの浅型、深型、白色、黒色と、種類が豊富です。ボックスを重ねることができるので、よく使う物は上段に、使用頻度が低い物は下段に収納。キッチングッズ、文具、薬、衣類小物等、あらゆる物の分類に使え、収納量を増やすことができる優秀なアイテムです。スリムタイプは、文具はもちろんのこと、コスメやアクセサリーの分類にも便利です。

GOODS No.04 | TRAY

デスク内整理トレー

机の中だけでなく、キッチンで、洗面所で、大活躍なトレーです。

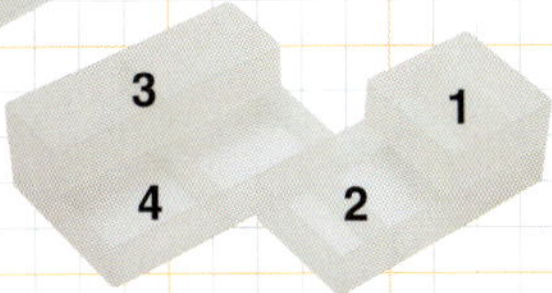

1と2、3と4がスタッキングできます。

活用術

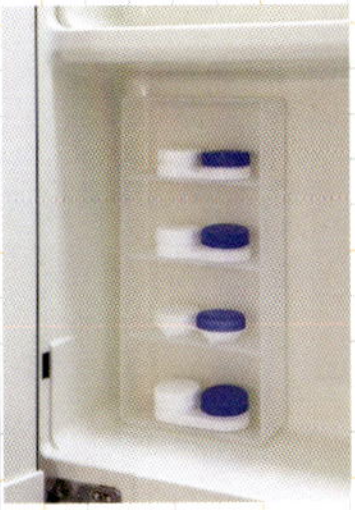

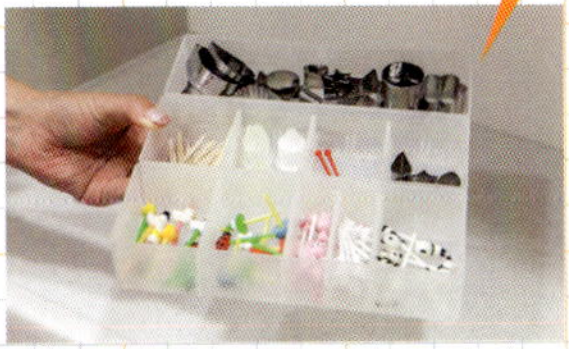

上／用途が決まったら、組み合わせて両面テープでくっつけておく。左／立てれば小物を立体収納できる。

かゆい所に手が届く絶妙なサイズ

ポリプロピレンデスク内整理トレー（無印良品）

3のトレーは、小さなお弁当ピックや使い捨てコンタクトレンズ入れにピッタリなサイズ。

1／W10×D10×H4㎝　**2**／W10×D20×H4㎝　**3**／W6.7×D20×H4㎝　**4**／W13.4×D20×H4㎝

小さな物を仕切るなら断然コレがおすすめ

フレキシブルに使えるこのトレー。1、2、3、4の種類があり、1の倍のサイズが2、3の倍のサイズが4なので、組み合わせが可能。仕切りの溝が約2㎝おきに切ってあり、別売りの仕切り板もあるので、買い足してより細かく仕切ることもできます（1と2は同じ仕切り板が使えます）。キッチン小物の整理もできますが、カトラリーの収納には、若干長さが足りず不向き。角が直角なので、無駄な隙間ができず、引き出しの中はもちろんのこと、収納ボックス内の仕切りにもおすすめです。立てて使えば、小さな棚にもなります。

GOODS No.05 | KITCHEN TRAY

キッチントレー

キッチン小物だけでなく、文具やアクセサリーなどなんでも分類。

菜箸も納まるキッチントレー

キッチントレー（セリア）

キッチントレーという名前ですが、キッチン以外でも大活躍する万能トレー。
右／W34.8×D12×H5㎝　左／W34.8×D8×H5㎝

活用術

写真左はキッチンツールを、右はコスメやアクセサリー、サングラスを細かく分類。管理がしやすい。

100円以上の価値あるトレー。何個も使用し便利さを実感してください

長さのある菜箸やお玉も納まるキッチントレー。種類はワイドとスリム、白とクリアの4パターンあります。スリムには2枚、ワイドには1枚、仕切り板がついているので、アイテムごとにまとめやすい。

冷蔵庫の上段は取りづらく、忘れやすい場所なので、クリアタイプを用い、用途別に分けた調味料や食材を収納しておくと、すぐに取り出せて調理の時短に繋がります。キッチントレーという名前ですが、キッチン小物だけでなく、文具、コスメ等、小さな物の収納にも適していますので、家中どこでも使えます。

GOODS No.06 | CABINET

小物収納キャビネット

引き出しごとに分類して収納できるから取り出しやすく、しまいやすい!

活用術

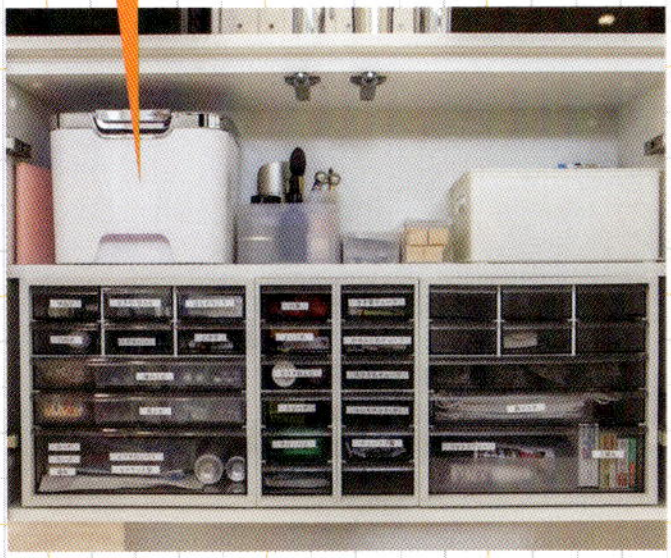

天板部も物が置けるようトレー状になっているので物がのせやすく安定する。

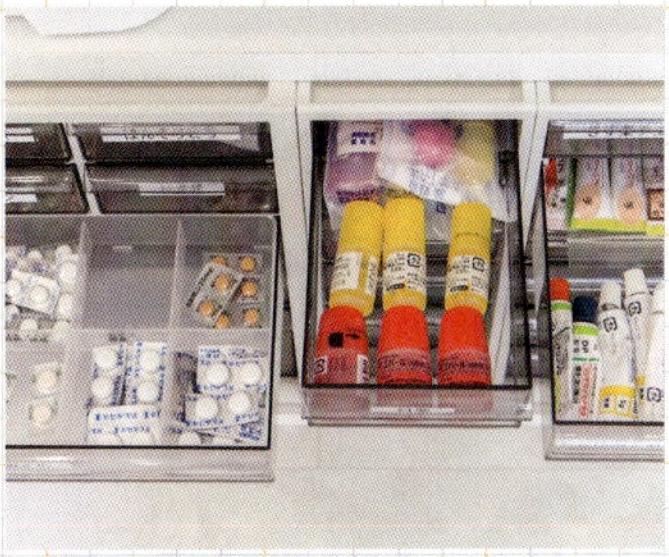

薬や文具、種類ごとに一つずつ引き出しを使う贅沢収納はわかりやすい。

コンパクトなのに収納量はたっぷり

小物キャビネット
KC-350DR(アイリスオーヤマ)

クリアなグレーの引き出し。中がうっすら見えるけれど、クッキリは見えません。
W30.8×D21×H29㎝

「ここを探せば見つかる!」安心感があるたくさんの引き出し収納

奥行きわずか21㎝のコンパクトな収納ですが、収納量はたっぷり。電池のような小さな物が入る引き出しや、B5サイズまでの用紙が入る引き出し、薬の小瓶を立てて収納できる深型の引き出し等、小分けできる引き出しが9つあるので分類しやすく、迷子になりやすい小物もスッキリ収納できます。引き出しが抜け落ちないように簡易ロックがついているのも嬉しい。同じ奥行き21㎝で横幅が狭い、引き出し6個タイプや、奥行きが18㎝のタイプ等、サイズ展開が豊富なので、収納場所に合うサイズを選びましょう。

GOODS No.07 | BOOKEND

ブックエンド

本来の使い方以外にも、いろいろな場所で仕切りグッズとして活躍してくれます。

今や収納グッズの定番。シンプルな色を選んで

ブックエンド（セリア）

L字形のブックエンドは立てて使うのはもちろんのこと、寝かせて、横にして使える万能アイテム。
W11.5×D8.5×H15㎝

NGアイテム

尻尾がついているタイプのスタンドは、しっかり立てることができますが、それ以外の使い方ができない1WAYタイプ。

活用術

寝かせて使い、隣の列の衣類と交ざらないように仕切りの役目をしています。

空間を縦にも横にも仕切ることができる収納に欠かせない万能アイテム

L字形のブックエンドは、カラー、デザイン、サイズが豊富で、100円ショップで手軽に購入できるのもポイント。

クローゼットでは引き出しの中で、たたんだ薄手のキャミソールやTシャツを立てて収納し、L字形のブックエンドを横に使い、倒れてこないよう押さえています。深い引き出しなら立てて、浅い引き出しなら、寝かせて使います。横に倒して仕切ることもできるので、我が家ではあらゆる場所で使用しています。木製もありますが、厚みがある分、スペースが取られるので、スチール製がおすすめ。

奥行きがあるスペースでは立てて使います。本を入れる度に奥に入り込んでしまうので、奥に入ったらスタンドごと引っ張り出します。

活用術

仕切りスタンドを寝かせ、ストックの布巾を立てて収納。上から見てどこに何があるかわかりやすい。

※

小分けして立てる、仕切るのに活躍！

仕切りスタンド（無印良品）

書類などを分類して立てるのに便利なほか、クロス類を立てて収納するのに活用できます。※現行はアクリル仕切りスタンド3仕切り／約W26.8×D21×H16㎝
※立てるのは、通常の使い方ではないため、場合によっては歪んだり、折れたりすることがあるので注意を。私はハンドタオルなど軽量の物を収納するのに使っています。

活用術

小スペースな引き出しには、横に寝かせて仕切りを。

小さめサイズはあちこちで活躍！

ブックエンドミニ（セリア）

小さなボックスの中に入れて空間を仕切ることもできます。
W6.5×D5.5×H8㎝

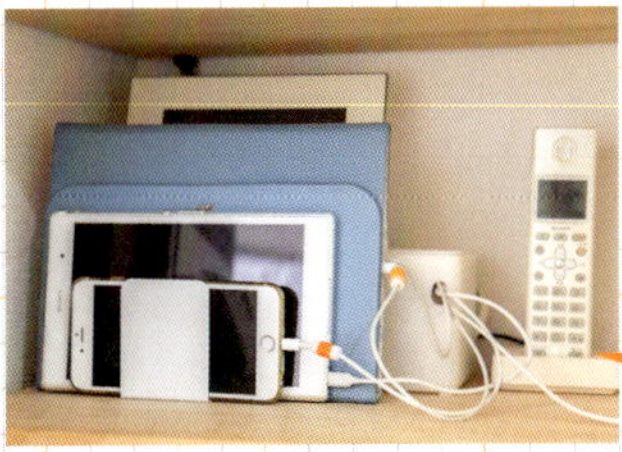

活用術

スマホやタブレットはブックエンドで立てて充電しています。

GOODS No.08 | CLOTHES CASE

衣装ケース

どれにしようか迷うなら、イチ押しはライフスタイルの変化にも対応する個別タイプ。

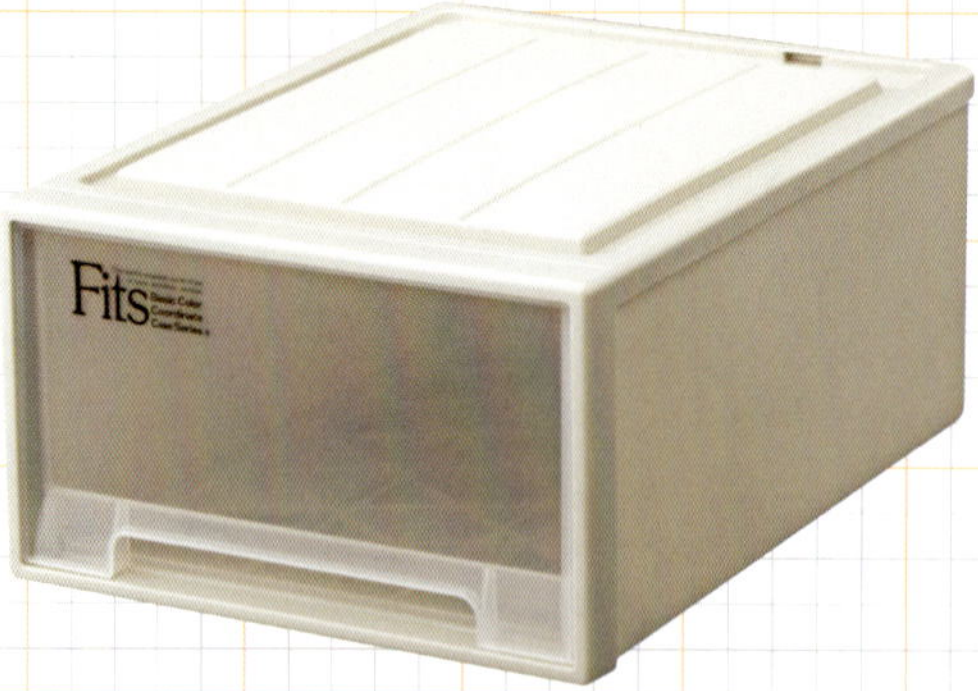

枠組みがしっかりしていて長く愛用できるのが魅力

フィッツケースクローゼットM-53（テンマ）

フィッツケースの最大の魅力は枠組みがしっかりしているところ。直角タイプで積み重ねたときの空間の無駄がなく、丈夫で長期間の使用にも耐えます。

最大外寸約W39×D53×H23㎝／有効内寸約W33.7×D48.4×H18㎝

活用術

将来、独立する可能性があるお子様には、組み換えができるタイプの衣装ケースを。そうでない場合はタンスタイプでもOK。

チェストESWホワイト（アイリスオーヤマ）

ホームセンターで購入できる手軽さと、いつでも買い足しできる安心感が◎。

約W42.6×D52.8×H20㎝

「大は小を兼ねない」ベストな引き出しの深さは20㎝前後

衣装ケースは組み換え自由な「個別タイプ」がおすすめ。将来のライフスタイルの変化も踏まえると、1つずつバラバラになる「個別タイプ」が万能でしょう。

衣装ケースに限っては、「大は小を兼ねません」。厚手の冬物や大人の物を収納するからと言って、引き出しを深くする必要はありません。引き出しのベストな深さは18～23㎝の間。30㎝以上だと、深すぎて取り出しにくいですし、衣類を立てた時は上に無駄な空間ができ、そこに余計な物を置きがちです。引き出しの深さは20㎝前後の物を選びましょう。

GOODS No.09 | S-SHAPED HOOK

S字フック

サイズ色々、用途も色々。収納グッズのベストアイテム。

活用術

S字フックをパイプに通し、アクセサリーを収納。

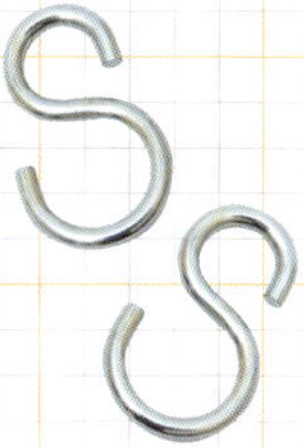

アクセサリーなどの収納に活躍するミニサイズ

Sフック（ホームセンター）

小さいサイズのS字フックは、ホームセンターのS字フックコーナーで購入できます。

一つで二役！掛ける場所に幅広く対応

Sかけフック（セリア）

細いバー用、太いバー用と、上下で掛けるサイズが違うS字フック。

活用術

長さが違うクロスフックにバッグを掛けます。高さがそれぞれ違うので端に寄せた時の厚みがコンパクトに。

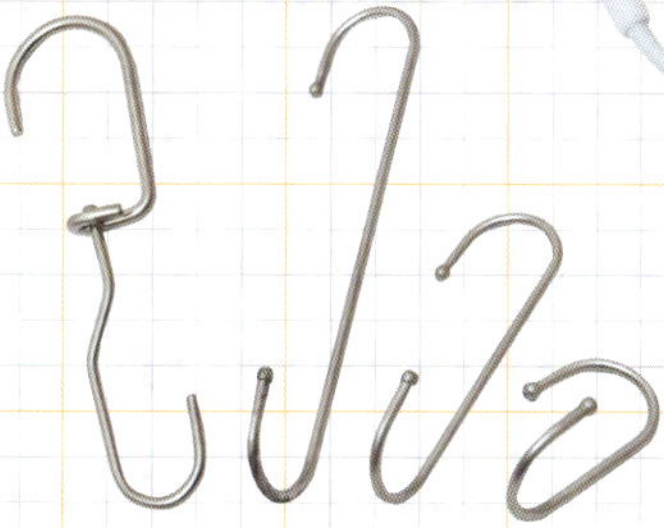

掛けた後の向きが異なるクロスフック

クロスフック（ダイソー）

フックの向きが上下で異なり、掛けるものによっては、スペースをコンパクトにまとめられます。

活用術

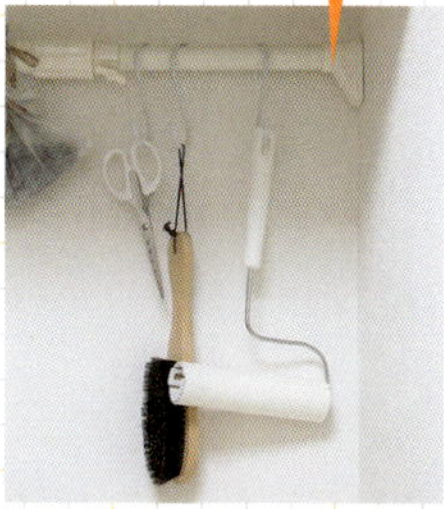

クローゼットの奥につっぱりポールを渡し、衣類のお手入れグッズをS字フックで吊り下げ使いやすく。

スペースを活用するのに欠かせないS字フック

収納グッズのベストアイテムと言っても過言ではない「S字フック」。木、プラスチック、ステンレス等多様な素材があり、サイズも極小サイズから特大サイズまで様々。上下で向きが異なるクロスフックや、下部が回転する物まで種類も豊富です。

イメージや用途に合わせるなら、種類が豊富なホームセンターで探してみましょう。バッグを掛けるような一般的なS字フックは100円ショップで購入できますが、極小サイズやロングタイプは、100円ショップより安い物もあるので、チェックする価値はありますよ。

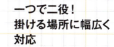

GOODS No.10 | HANGER

ハンガー

衣類の収納をスッキリさせるにはハンガーを統一するのが近道。取り出しやすさも違います。

木製ハンガー（婚礼ダンスに付属していた物）

肩先に厚みがあり、自然なラインが洋服に優しいハンガー。W44㎝

アルミ洗濯用ハンガー・3本組（無印良品）

軽い、安い、かさばらないシンプルなハンガー。約W41㎝

エコノミック40　ホワイト（マワハンガー）

特殊加工された表面は衣類を斜めに傾けてもすべり落ちないのが魅力。約W46.5㎝

ベルベットハンガー（ダイソー）

起毛処理が施された、衣服のすべり落ちを防止するハンガー。W45㎝

便利グッズ

ハンガー用半透明スベリ止めシール

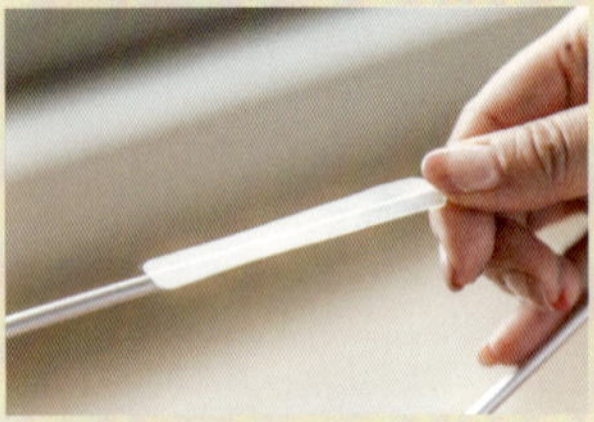

洗濯用ハンガーで衣類がすべり落ちやすい場合には、ハンガー用のスベリ止めシールを貼れば、対処できます。スベリ止めシール／W5㎝(東急ハンズ)。

男女兼用で使うのなら、幅41～44㎝くらいのハンガーがおすすめです

ハンガーは、服の種類、素材に合わせて選ぶと、衣類を状態よく保ち、かつ使いやすい収納になります。

とはいえ、種類がバラバラのハンガーを使うと、色、素材、掛けた衣類の高さに差ができるので、スッキリ見えないだけでなく、取り出しにくくなります。

木製ハンガーは防湿効果があり、静電気も起きにくく自然なラインが洋服に優しいので、スーツやジャケット、コートに向いています。パンツやスカート用のハンガーは、そのまま吊るすことができるので、折りジワの心配がな

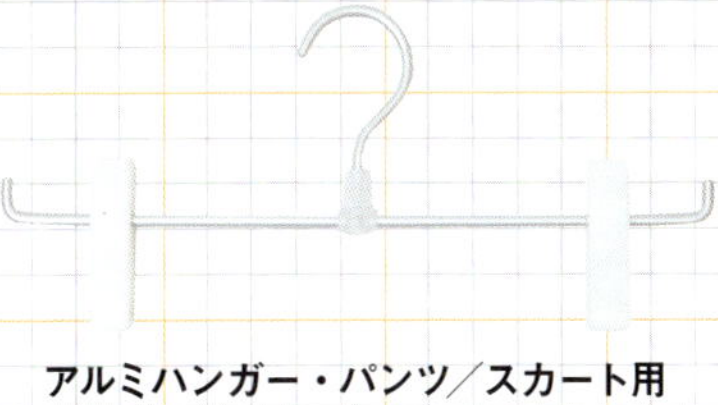

アルミハンガー・パンツ／スカート用1段（無印良品）

軽くてクリップが程よくしっかり留まるハンガー。W35×D3×H16㎝

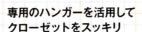

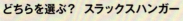

ポリプロピレンハンガー・薄型・ピンチ付（無印良品）

セットアップの衣類を収納するのに便利。約W41㎝

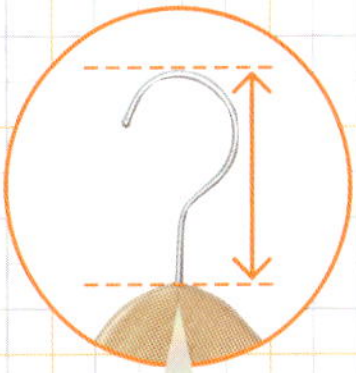

ココの長さが同じもの、または近いものを選ぶとスッキリする。

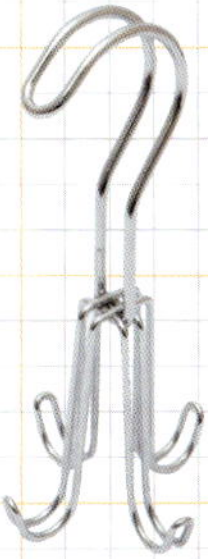

取りやすく収納しやすい、ベルト専用ハンガー

ベルトハンガー（ニトリ）

何が掛かっているか一目瞭然のベルトハンガー。W8.5×D8.5×H7.5㎝

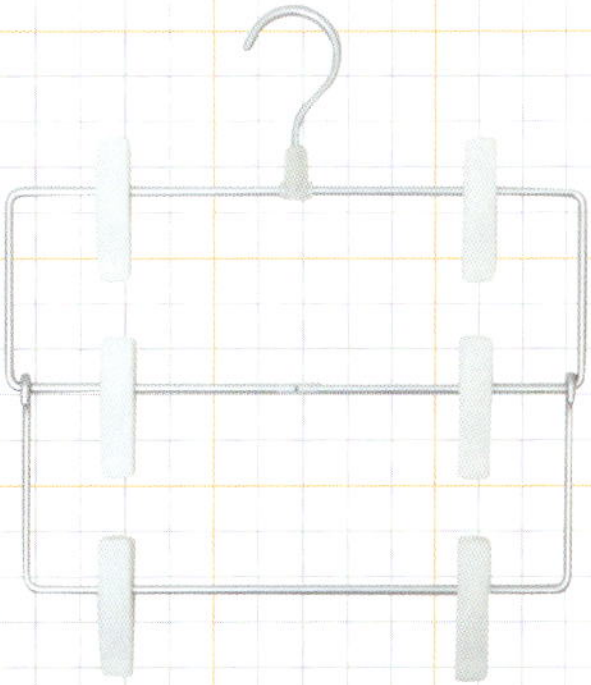

アルミハンガー・パンツ／スカート用・3段（無印良品）

3着を省スペースで掛けられるのでオフシーズンの衣類の管理に。約W35×D3×H38.5㎝

専用のハンガーを活用してクローゼットをスッキリ

すべりにくいバッグ・スカーフハンガー（ラミー2本組）（ニトリ）

スカーフ、ストール、マフラーを掛けるのに便利なハンガー。W13.5×D0.7×H21㎝

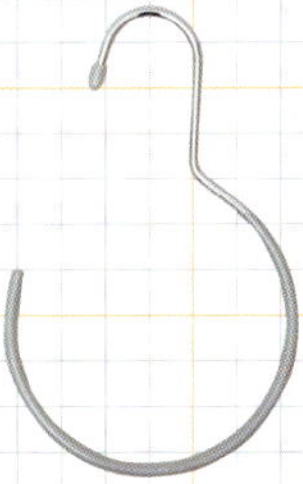

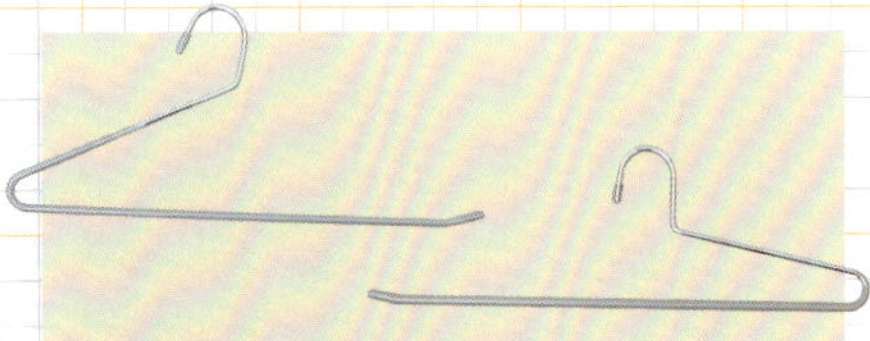

どちらを選ぶ？ スラックスハンガー

左／ニトリ すべりにくいスラックスハンガー
右／カインズ スチールスラックスハンガー

一見ソックリですが、パンツを掛けるバーが自分側に向いているか（ニトリ）、奥に向いているか（カインズ）が違います。バーが手前だと取り出しやすく、奥に向いていると安定感がありしまいやすい。どちらを選ぶかは好みで。ミックスするのはNG。左／W34×D0.7㎝ 右／W35.5×D1.2㎝

く、自然にシワ伸ばしができます。スカーフ用ハンガーは、シワや絡まりを防ぎます。

肩幅は男性と女性で違うので、それぞれに合わせたサイズを購入してもいいですが、幅41～44㎝くらいのハンガーだと、女性、男性Mサイズの衣類が掛けられるので、共有することができます。

GOODS No.11 | TENSION RODS

つっぱり棒

つっぱり棒を使えば、空いている空間も
収納スペースとして活用することができます。

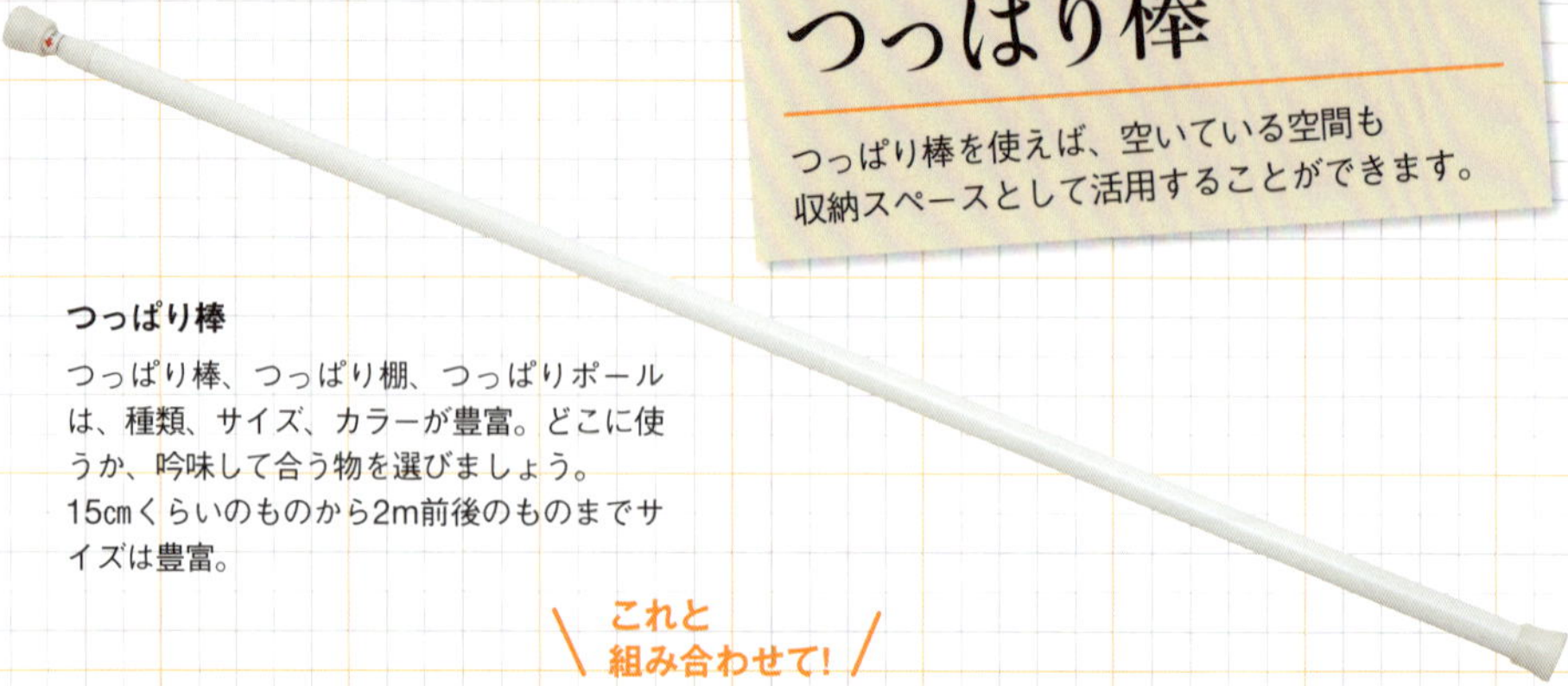

つっぱり棒

つっぱり棒、つっぱり棚、つっぱりポールは、種類、サイズ、カラーが豊富。どこに使うか、吟味して合う物を選びましょう。
15㎝くらいのものから2m前後のものまでサイズは豊富。

＼これと組み合わせて！／

活用術

イケアのBYGEL（現行品はSUNNERSTA）にハンディークリーナーの紙パック、フローリングワイパーの替えシートを収納。デッドスペースも有効活用。

SUNNERSTA小物入れ（イケア）
容量／750㎖　W12×D11×H13㎝

活用術

分別ゴミの袋をゴミ箱の裏に収納しています。上段の棒に袋を掛け、下段の棒で押さえることで、1枚だけ引き出すことができます。

アレンジ自由自在！ つっぱり棒を活用して空中収納

100円ショップで販売している細いタイプから、ホームセンターで取り扱われている衣類を吊ることができる太いポールタイプまであり、サイズは豊富。カラーは、白、黒、木目調だけでなく、プリント柄もあるので、インテリアに合わせて使い分けましょう。

つっぱり棒を用いた「吊るす」「掛ける」収納は空いた空間に物を納めるのでスペースの有効活用になりますし、自由に高さを決められるので、アレンジしやすく、使いやすい。たくさん吊るしすぎると棒が下に落ちてしまう失敗もあるので、耐荷重量を確認した上で使用しましょう。

使い方が広がる！
つっぱり棒でカンタンDIY

ベッドの後ろのデッドスペースは、埃がたまりやすく、掃除しにくい場所。そこにつっぱり棒を2本設置。

完成！

つっぱり棒の上に板をのせ、簡易の棚ができました。ここは目覚まし時計を置くスペースに。

家具と壁のすき間を有効活用！

建物の構造上、家具と壁の間にデッドスペースができて困る、なんてときに「！」と思いついたのがつっぱり棒を使った簡単収納スペース。どんなすき間も無駄にしません。

完成！

空いている空間に、飾り棚が完成！

壁の凹みを有効活用！

構造柱の間にできてしまった凹み。「造りつけの飾り棚をオーダーして」と考えましたが、つっぱり棒でDIYして予算を削減。ちょっとした節約になりました。

1
ソファの後ろ、殺風景だったスペースにつっぱり棒を2本渡しました。

2
バルサ材でコの字形の棚板を作り、余っていた壁紙を貼り、つっぱり棒の間に差し込みました。

＼まだある！／

整理・収納の悩みを解決してくれる便利グッズ

限られたスペースを有効に使うための優秀なアイテムをご紹介します。

GOODS 01 フライパン・鍋・ふた スタンド

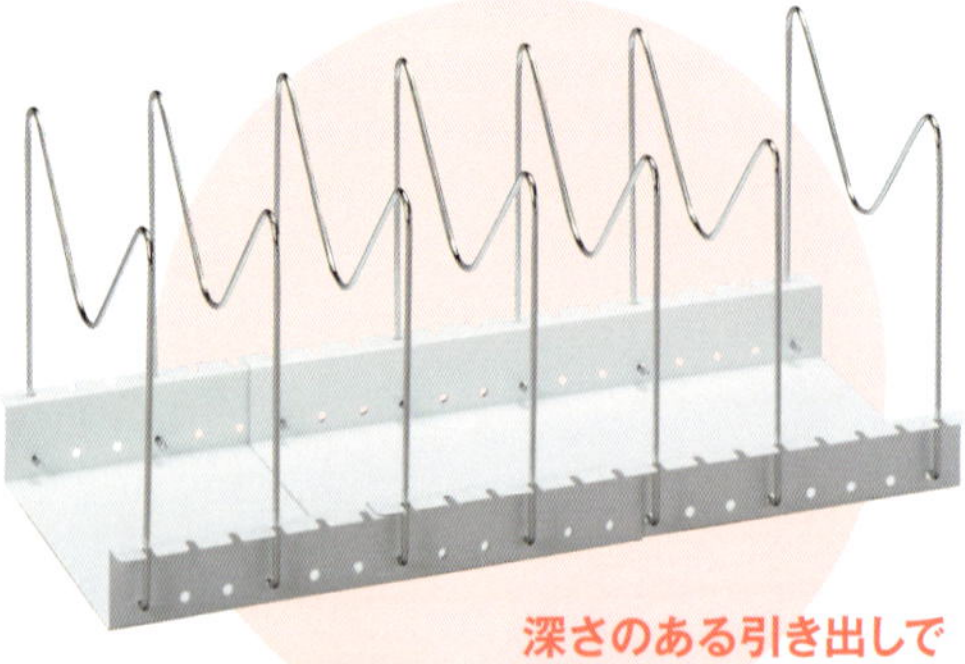

深さのある引き出しで活躍する、立てる収納グッズ

フライパン・鍋・ふたスタンド 伸縮タイプ（伸晃）

スチール製の頑丈なラック。ワイヤーは鍋ぶたを置きやすいM字形で、2㎝間隔で調節できるので、高ささえあればどんなフライパンでも立たせることができます。

W29～51×D20.3×H17.2㎝

活用術

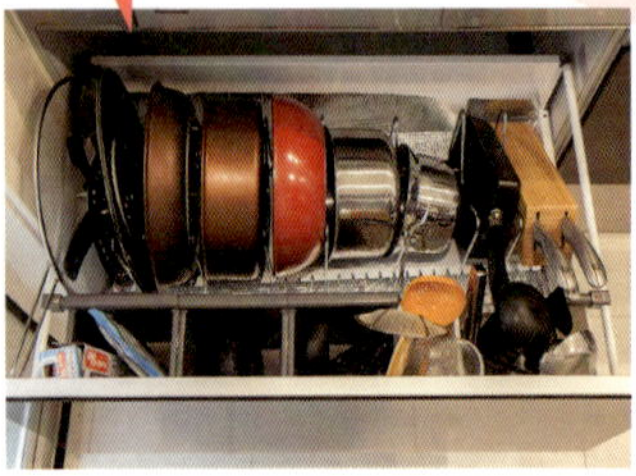

フライパンや鍋、ふたもセットで立てて収納できるので、取り出しやすい。

GOODS 02 ツール立て

活用術

スライサーや計量スプーンだけでなく、スーパーの袋を四角くたたんで立てて収納。

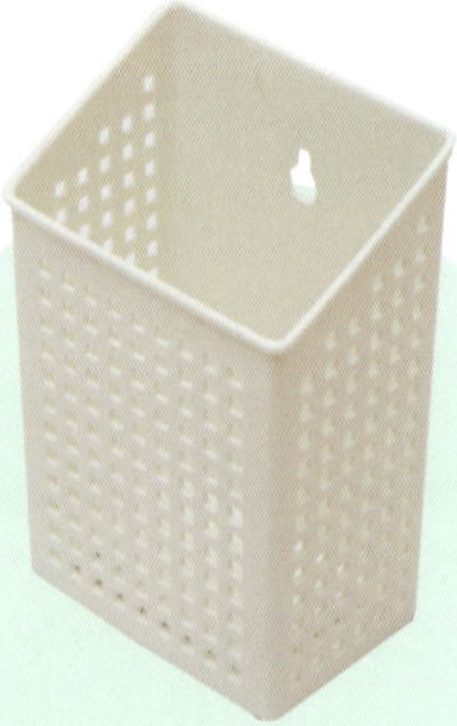

立てて収納するのに役立つキッチン収納グッズ

カットボックス 吸盤付き（セリア）

キッチンツールを細かくグルーピングするのに便利なカットボックス。吸盤も付属しているので壁に貼ることもできます。

W11.9×D8.4×H17.6㎝

GOODS 03 整理トレー

仕分ける、汚れ防止……トレーは万能

システムボックス（ダイソー）L（奥）、M（手前）

写真のダイソーの他、様々な整理トレーが販売されています。用途に合わせたサイズを選びましょう。仕切りが取り外せるタイプがおすすめです。写真奥：L／W7.8×D23.4×H4.45㎝　手前：M／W7.8×D15.6×H4.45㎝

冷蔵庫上段は中に何が入っているかわかるよう、クリアタイプがおすすめ。写真はセリアのキッチントレーワイドクリアを使用。

我が家の冷凍庫の引き出しにピッタリのサイズが、無印良品のポリプロピレン整理ボックス2（約W8.5×D25.5×H5㎝）。保冷剤はこのトレーに入るだけの量に。

＼冷蔵庫で大活躍／

活用術

様々な油類は液だれすることもあるので、トレーとして活用。

GOODS 04 ジップ付き保存袋

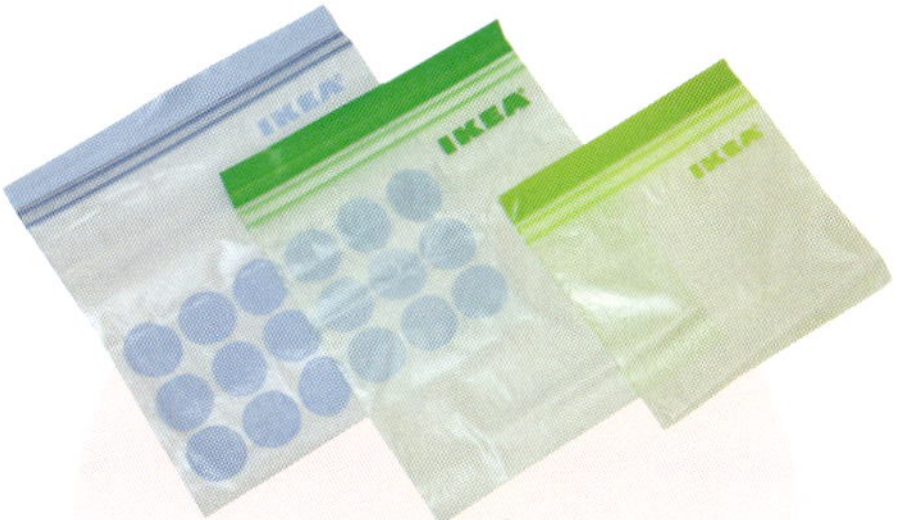

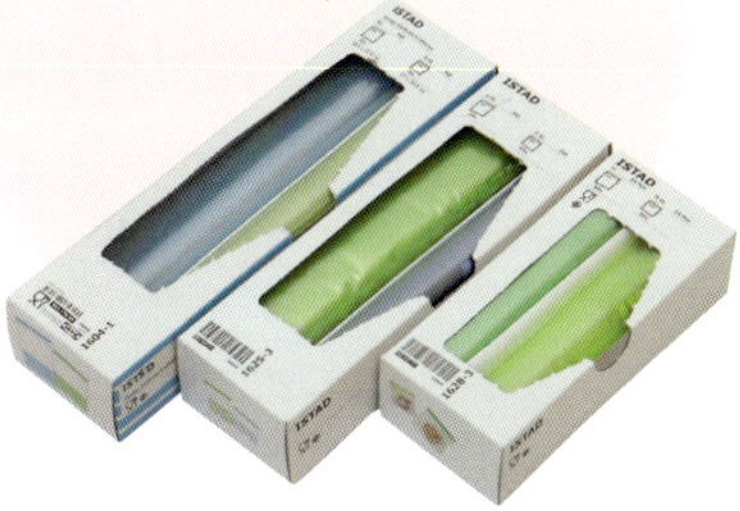

＼立てて収納／

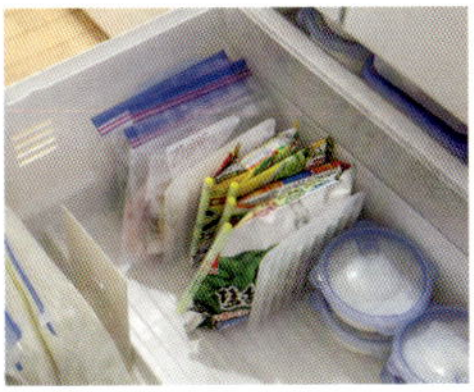

食材は寝かせて冷凍してから、立てて保存。写真はジップロックを使用。

ビーチサンダルを入れるなど、旅行時の仕分け袋としても活躍。

食材だけでなく、衣類や小物を入れるのにも便利

ISTAD　プラスチック袋（イケア）

よく使う食材はスライド式ジップ付き袋に入れると開閉が簡単で使いやすい。衣類やビーチサンダル等や文具の仕分け、保存にも便利。

GOODS 05 エニーロック

一度開封した袋物の保存に活躍する魔法の棒

エニーロック（クラレトレーディング）

袋の口を折り、端から差し込むだけで簡単密封できる魔法の棒。開封済みの食品を密封できて、液体も漏れないので、食材の下味漬けに最適です。写真上から3号、4号、5号。

コンテナボックスに組み合わせて！

開封済みの食品をエニーロックで密封し、ニトリのインボックスに掛けるだけ。

\ さよさんおすすめ！ /

キッチンの便利グッズ

食品だけでなく洗剤も！大活躍する容器

片手で開け閉めができる保存容器　正方形500mℓ（カインズホーム）

調理中、片手で開けられる便利な保存容器。サイズも豊富です。

刻んだねぎを冷凍し、使う分だけ簡単に出せる

シャカシャカねぎポット（セリア）

小口切りのネギを容器に入れて冷凍し、振るだけで簡単に取り出せます。

グッズ使いのアイデア！

クリアークラフトケース レタースタンド（セリア）

文具用のケースをふりかけ専用スタンドに（購入時にあった中の紙は外しています）。

GOODS 06 マグネットフック

活用術

普段は換気扇内側で待機。使う時だけ外に出し、布巾を掛けて乾かします。

＼ココでも活用！／

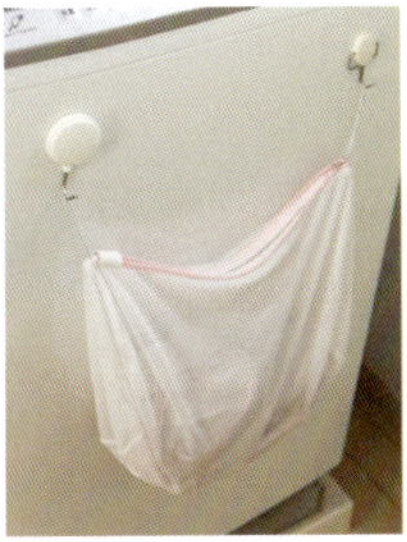

洗濯機まわりでは洗濯ネットを掛けるのに便利。

使い方はアイデア次第。家の中のあちこちで活躍

強力マグネットフック（100円ショップ）

スチールのあるところならどこでも付けられるマグネットフック。壁に穴をあけたくない人に是非使ってもらいたい。換気扇まわり、冷蔵庫横、洗濯機等、水まわりでも使えます。

グッズ使いのアイデア！

100円ショップの粘着フックを眼鏡掛けに活用

100円ショップで販売している粘着フックの活用法。洗面所で外す眼鏡やカチューシャをフックに掛けます。鼻の形の物はダルトン眼鏡ホルダー。

GOODS 07 ワンキャッチ

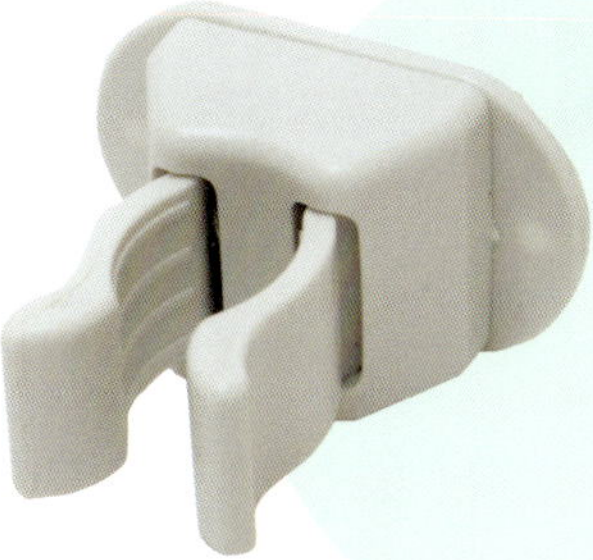

お掃除グッズを壁にセットするスグレもの！

ワンキャッチ（ダイソー）

棒状の物をキャッチしてくれるグッズ。両面テープで壁等に固定しますが、すぐに落ちる場合は裏の凹みに、熱したキリを刺すと簡単に穴があきます。その穴からネジで固定を。

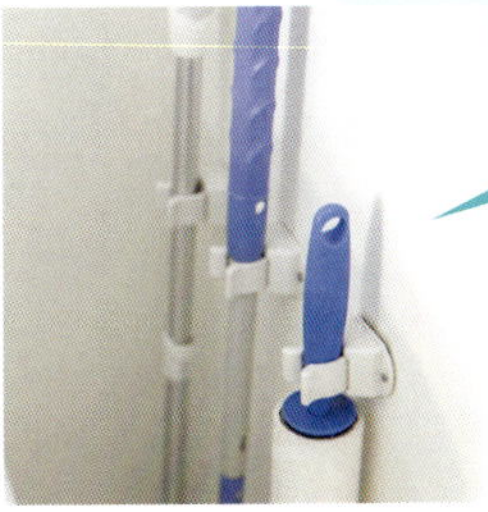

活用術

ワンキャッチを用い、フローリングワイパーや粘着ロールを壁付けに。

GOODS 08

ハンガーバスケット

活用術

扉の中の棚板に掛けて使用。キッチンではお弁当箱を、洗面所では毎日使うタオルを、下駄箱では学校用のスリッパを入れています。

空いた空間を上手に使えるハンガーバスケット

バスケット 吊り下げ収納（ヨンツリー）

棚板に吊り下げるハンガーバスケット（ワイヤーラック）。100円ショップの製品は重い物を入れるとワイヤーがゆがみます。棚板の厚みに注意して購入しましょう。W40.5×D25×H14㎝。厚み0.5〜3㎝の棚に適用します。

＼こんな方法も！／

支柱の板で棚を増設

短い板を左右の支柱にし、その上に棚板をのせ、両面テープで固定しただけの簡単DIY。

ガラスと同じ色で収納

アクリル仕切り棚を用いて小さなガラス食器を収納。透明なのでスッキリ見える。約W26×17.5×16㎝（無印良品）

GOODS 09

ネジ込みダボ

棚板を簡単に増やせるダボで収納力アップ

ネジ込みダボ（ホームセンター）

収納を増やすには、空間を仕切る棚板を増やすこと。棚板の増設は難しいと思われがちですが、ネジ込みダボを用いれば簡単に増やすことができます。

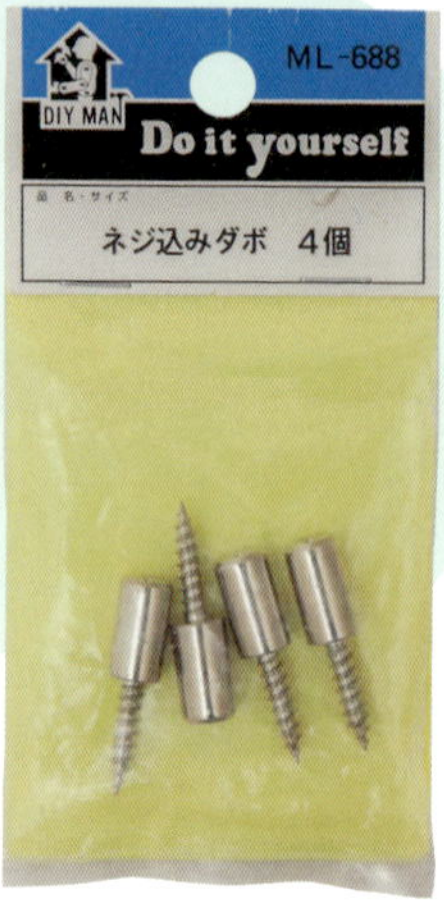

棚を設置したいところの四隅にネジ込みダボをねじ込み、その上に板をのせるだけ。ドライバー一本あれば簡単に棚板が設置できます。

GOODS 10 両面テープ

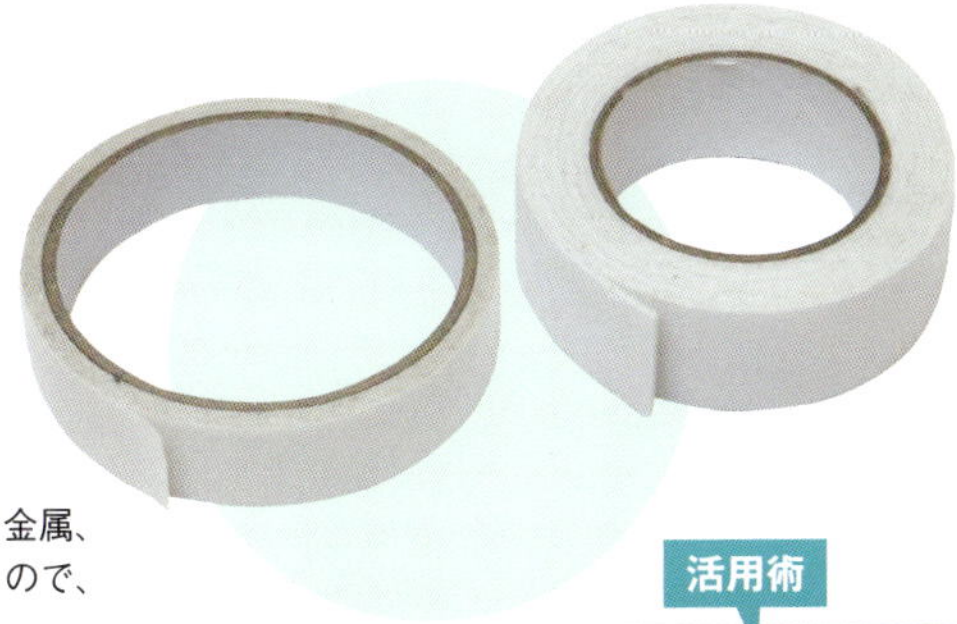

DIYの強い味方。素材に合わせて使い分ける

両面テープ

両面テープは紙用だけでなく、プラスチック、金属、木などを接着する多用途用（強力・厚手）があるので、用途によって使い分けて活用しています。

＼ DIY ／

マチ付きクリアファイルを扉の内側に貼り、試し刷り用紙を収納。

ネスプレッソのカプセルを収納するためのパーツも全て両面テープで接着。

マグネットが付くタイプのホワイトボード。枠を外しフラットに。「ダイソー」の210円商品。

活用術

扉の内側にカレンダーやお知らせを貼るため、ダイソーのホワイトボードを両面テープで貼りました。

GOODS 12 ニンジャピン

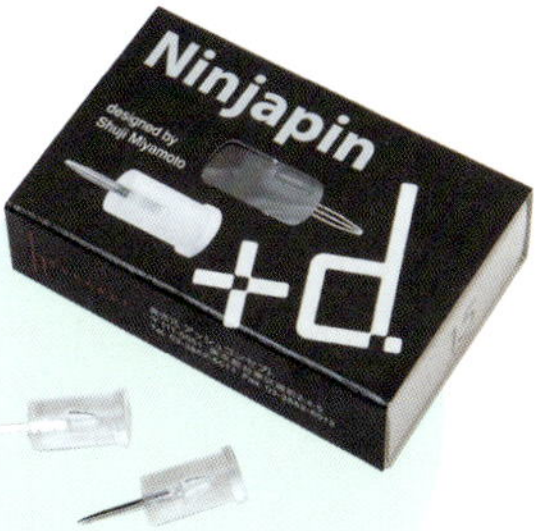

刺した跡が目立たないピン

ニンジャピン（KONCENT）

ピンを刺した後の穴が目立ちにくいニンジャピン。クリアーを選べば刺していること自体目立ちません。

GOODS 11 折りたたみ式フック

活用術

翌日着る衣類をコーディネートして、アクセサリーも一緒に吊るしておくのに便利。

フックを折りたたみタイプにすれば、見た目もスッキリ

BJÄRNUM折りたたみ式フック（イケア）

使う時は開き、使わない時は閉じるとコンパクトになるフック。シンプルで機能的です（ネジは別途購入）。3ピースセットで販売。W3×D8×H8㎝。

GOODS 13 シューズボックス

＼中が見えるから便利／

季節外の靴を最上段に収納。高いヒールを入れる時はボックスを立てます。

通気性がよくて中身も見える。靴の収納問題を解決

SKUBBシューズボックス（イケア）

前面のメッシュの窓は中身がわかり、通気性もあるので湿気予防にもなります。出し入れしやすいマジックテープで開閉し、使わない時はたためます。W22×D34×H16㎝

GOODS 14 マガジンラック

たまりやすい紙袋の管理にもおすすめ

マガジンラック　タント（ニトリ）

持ち手用の穴があるこのラックは、本や新聞だけでなく、雑多なテキストを入れても。カラーはホワイト、ダークブラウン。インテリアにも合わせやすい。W34×D20×H27㎝

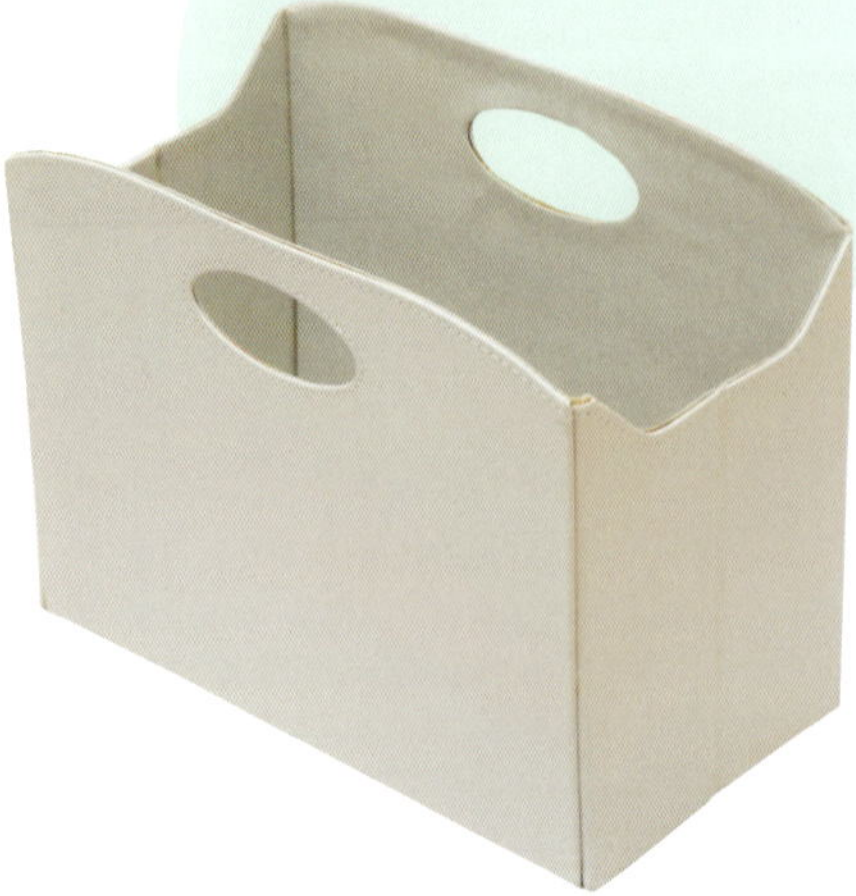

活用術

このラックに入る大きさの紙袋が一番よく使うサイズ。

＼不要時は折りたためる／

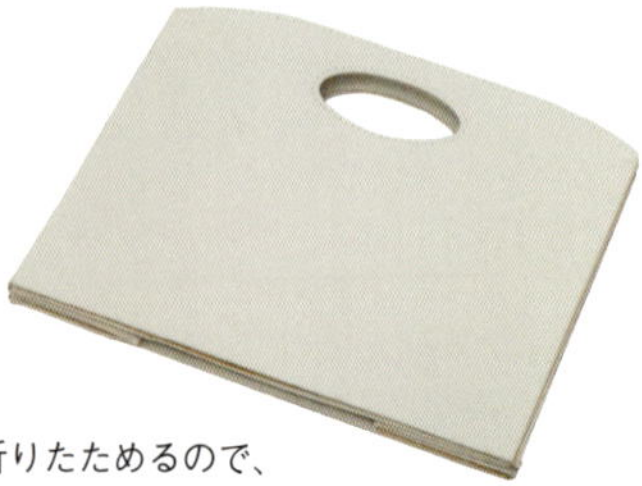

折りたためるので、使わない時はコンパクトに。

日常のちょっとしたストレスを解消してくれる便利グッズ

GOODS 16 コンパクトトレー

使わないときは、四つ角を伸ばして板状にして収納できる。

帰宅後に散らかってしまう小物置き場に

コンパクトトレー［大］（ニトリ）

あると便利なグッズとしておすすめしたいのがコチラ。帰宅後、腕時計やポケット内の物の一時置き場として使うのにぴったり。来客時にカトラリーを入れて出すことも。

GOODS 15 小物ラック

高さのないスペースでペン立てとして活用

アクリル小物ラック（無印良品）

クリアなので中に何が入っているか一目瞭然。斜めになっているので、中の物が取り出しやすい。ワイドタイプもあります。リモコンを収納しても。W約8.8×D13×H14.3㎝

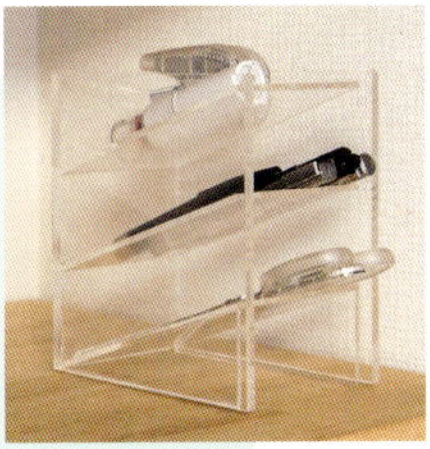

最上段は、認め印とホチキス、2段目はペン、3段目は定規とカッターを。

GOODS 18 ブーツキーパー

来客も使いやすいよう花瓶に挿しています。

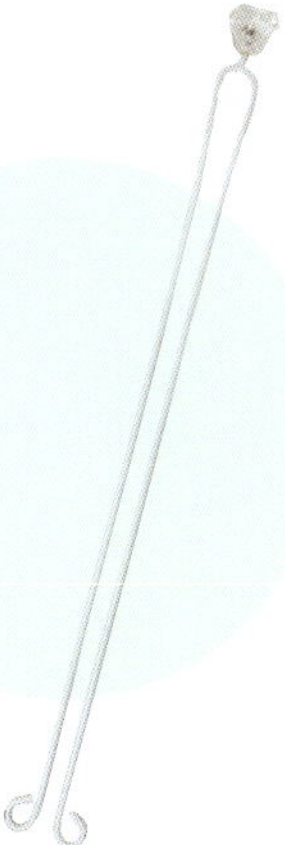

来客にも好評！見た目もスマート

ブーツキーパー（セリア）

ブーツが倒れないように支えるブーツキーパーは、100円ショップの物。ワイヤー部分がしっかりしており、バラのモチーフが可愛い。

GOODS 17 カグスベール

埃がつきにくくお掃除楽チン

カグスベール 丸キャップ（ニチアス）

椅子やテーブル等、普段よく動かす家具の脚につけ、床の傷つきを防ぐ物。サイズ、種類が豊富でホームセンターで購入できます。

丸キャップタイプを使用。四角もあります。

電気コードのごちゃごちゃを解決してくれるお助けグッズ

まとめる

GOODS 19 コードクリップ

コードをワンタッチでまとめられます

コードクリップM（ダイソー）

横幅が3㎝もあるのでコードをガッチリ掴んでくれます。ホットプレートやヘアアイロンのコード収納に便利。色は白、サイズはMが一番使いやすい。

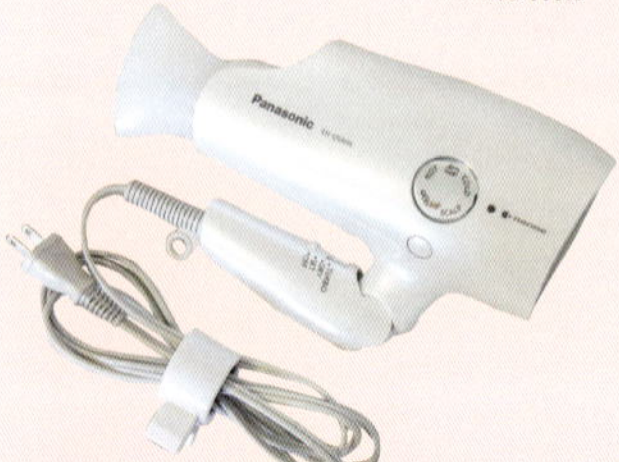

解決　毎日のことだからコードクリップで簡単にまとめます。

GOODS 20 モール

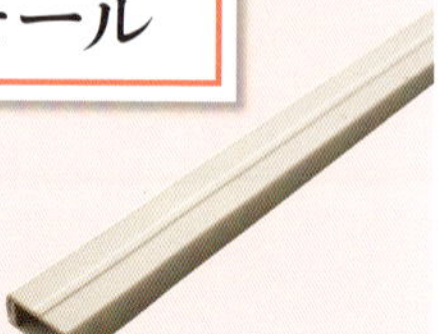

だらりと垂れたコードを隠す

フラットモール

垂れ下がったコードは、両面テープ付きのフラットモールに入れてスッキリさせましょう（種類が豊富なホームセンターでの購入がおすすめ）。

自分で簡単に設置することができます。

GOODS 22 コードリール

パソコンまわりもこれでスマートに

コードリール（100円ショップ）

パソコンまわりのケーブルはコードリールで巻き取るとスッキリ。

解決　ダイソーのケーブルリールラバー、大は1個、小は2個入り。

GOODS 21 スパイラルチューブ

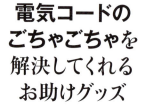

TV周辺のケーブルはまとめてスッキリ

スパイラルチューブ（100円ショップ）

複数のケーブルをまとめて巻き、1本にすると掃除がしやすくなります。内径は15㎜前後の物がおすすめ。ケーブルの長さがバラバラでも、好きな位置から取り出せます。

解決

テレビのコードを黒いスパイラルチューブでまとめ、1本に。

GOODS 23

ケーブルボックス

隠す

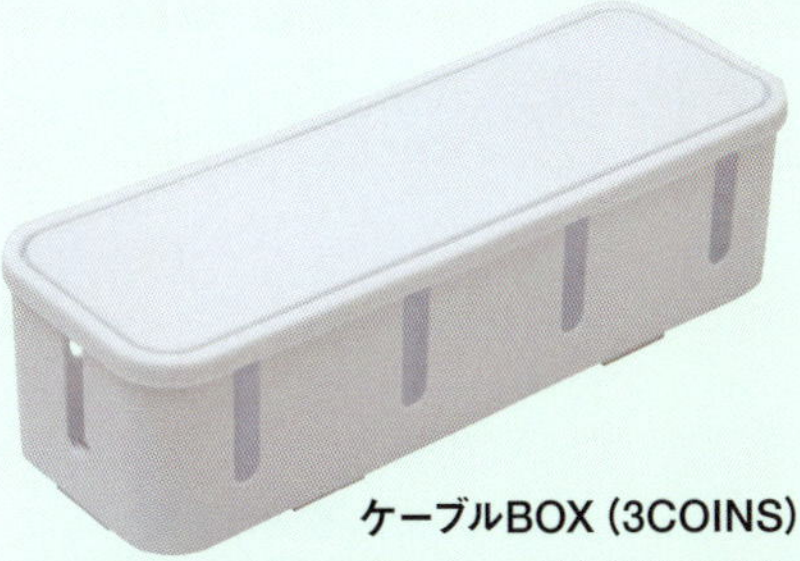

ケーブルBOX（3COINS）

横からコードが出せる穴がついているケーブルボックス。コンセントタップを入れる場合は横向きに。W27×D7.5×H7.5㎝

タップボックス（セリア）

コードを通すため、両サイドが開いており、底は熱をため込まないように穴が開いています。ブラウンもあり。外寸約W8.2×D22×H9.5㎝

解決

家具の色とケースの色を合わせると目立たずシンプル。

粘着ロールスタンドケース（セリア）

余ったケーブルをケースの中に入れて、埃を防ぎます。高さがあるので長いケーブルも十分入ります。写真のホワイトの他にブラウンもあり。W9×D20.1×H11.4㎝

GOODS 24

コンセントタップ&プラグ

コンセントにも工夫を！

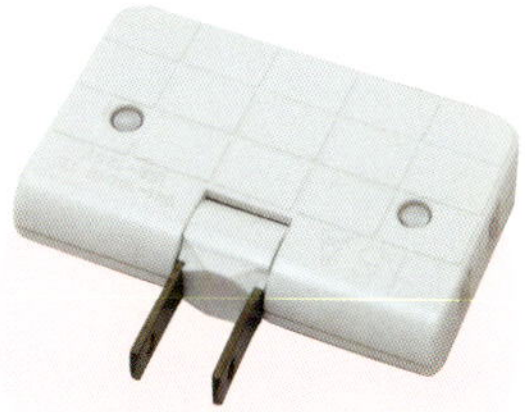

コーナータップ（100円ショップ）

壁からコンセントが出っ張るとその上に埃がたまりますが、これを使えば壁に沿うのでスッキリ。

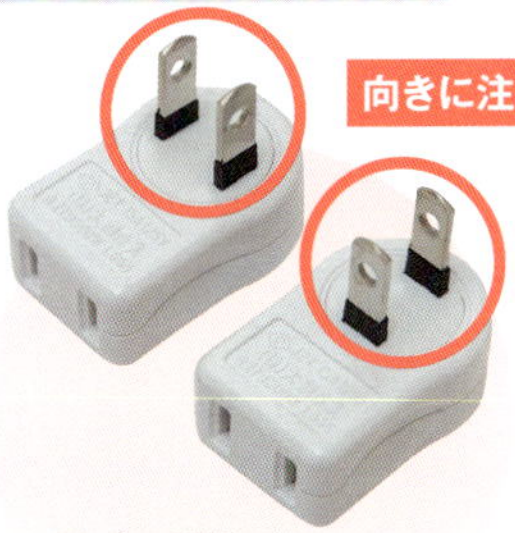

L型プラグ横／L型プラグ縦（ダイソー）

コンセントの向きを変えるアダプター。ACアダプターが大きくて差せない時や狭い場所に有効。

節電タップ（ダイソー）

コンセントを抜かずスイッチ一つで電気のオンオフができるコンセントタップ。2口、3口タイプもあり。

家族の持ち物をわかりやすく分類

GOODS 25 医療ファイル

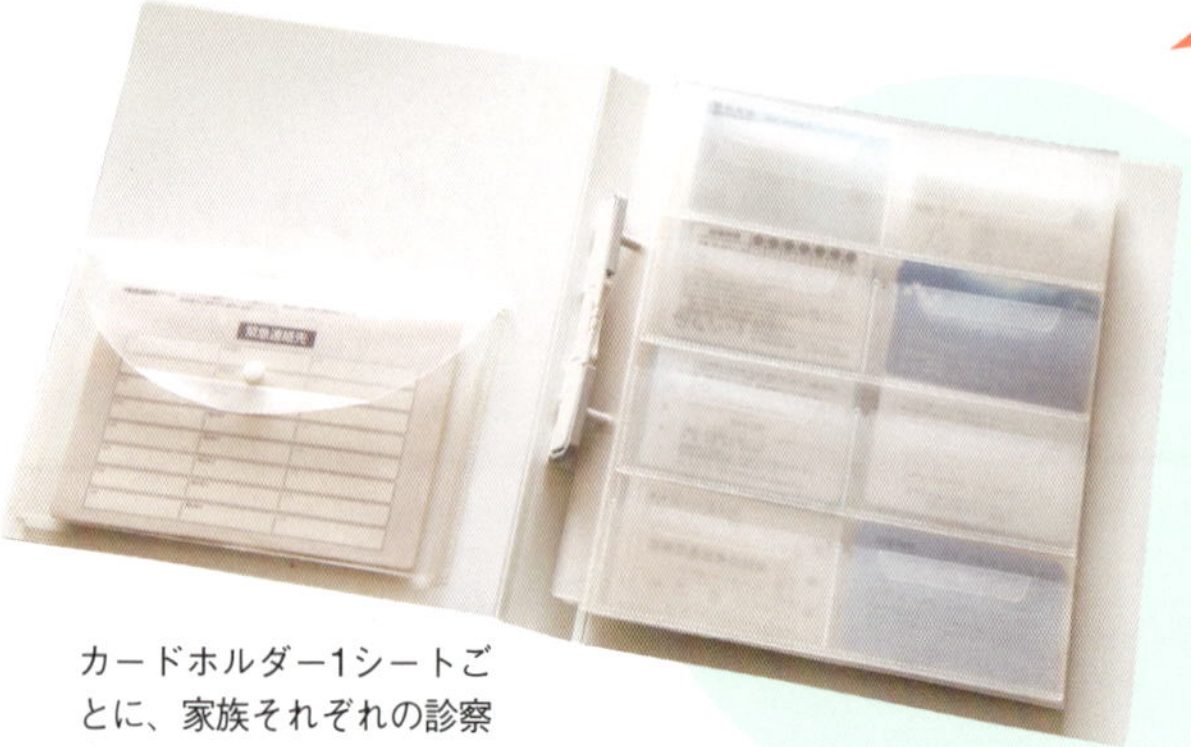

カードホルダー1シートごとに、家族それぞれの診察券をまとめています。

家族の分だけ、かかった病院ごとに増える診察券をスッキリまとめたい！

スキットマン 家庭の医療ファイル　B5変形（キングジム）

診察券、領収書、お薬手帳をまとめて収納できる便利なファイル。A4のファイルボックスに入れるなら、B5変形が出っ張らない。別売りリフィルあり。

GOODS 27 写真シール

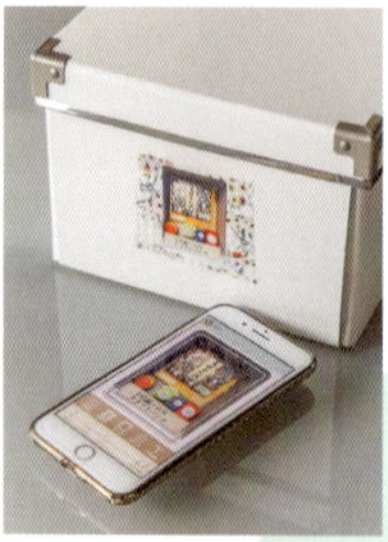

ふたを開けずに、中に何が入っているか、写真でわかる。

貼ってきれいにはがせるマスキングテープは何かと使い勝手がいい。

細々したものをボックスに収納したけど、誰が見ても中身がわかるようにしたい！

写真シール フォト光沢紙 4面 5シート（エーワン）

スマホで撮った写真を、スマホアプリで加工し、プリンターで印刷するだけの簡単ラベリング。アプリは、iPhone、Androidに対応しています。

GOODS 26 ラベルライター

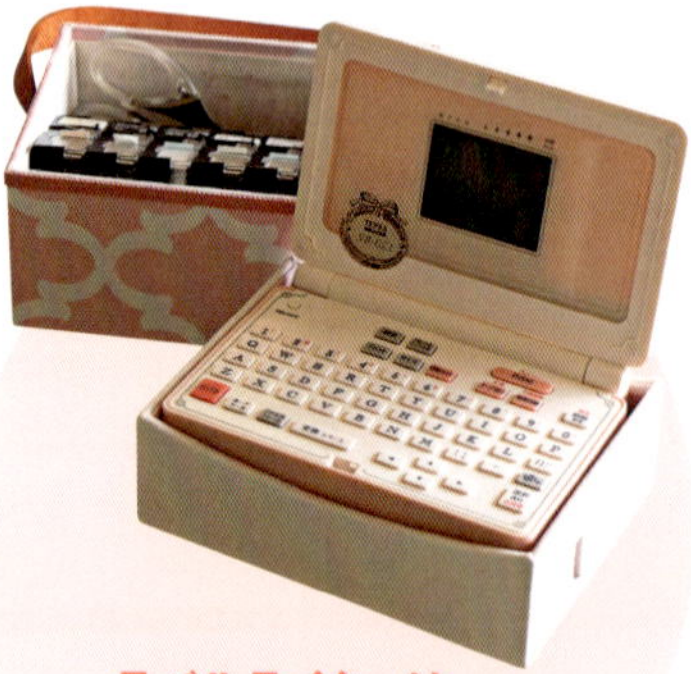

ラベルライターは収納の仕上げに欠かせないアイテム

ガーリーテプラ（キングジム）

引き出しに納まるコンパクトなサイズながら、機能は優秀。カルトナージュで作った専用ボックスに入れたまま使えます。

GOODS 28 インデックスホルダー

全てのタブに、月をラベリングし、書類を該当の月に挟み込むだけの簡単ファイリング。

学校のプリントや家計のあれこれ、書類関係をわかりやすく管理したい！

アクティフ 6／アクティフ 12 インデックスフォルダー A4（セキセイ）

12のタブと13のポケットがついた12インデックスフォルダーと、6つのタブと7つのポケットがついた6インデックスフォルダー。書類の月別管理に便利。

立体見出し付きクリヤーホルダー（リヒトラブ）

見出しが立体的で、中の書類が出てこないようにフラップ（押さえ）がついた便利なホルダー。横でも縦でも使えるのでファイルボックスの種類を選びません。同色5枚パック。見出しの向きを変えるだけで、ボックス内でグルーピングが簡単にできます。

NG アイテム

100円ショップのホルダーは耐久性がないのでNG

100円ショップのホルダーは素材が弱く耐久性がありません。一時的に使うのならいいですが、長期的ファイリングにはしっかりとしたものを選んでください。

GOODS 30 スキャナ

写真をスキャンしてファイリング

Omoidori（PFU）

アルバム写真をフィルムの上からテカらず簡単にスキャンするiPhone専用写真スキャナ。写真に印字された日付を自動認識するので写真を時系列に並べられ、2L版も合成機能でスキャン可能。※iPhone plus, iPod touch, Androidには未対応。

GOODS 29 アルバム

子どもの学校行事の写真はサイズがバラバラ。きれいにまとめたい！

アルバムフォト グラフィリア L判360枚（ナカバヤシ）

1冊にL判360枚まで入るアルバム。KG判は上から2枚分、3枚分はパノラマ判も収納可能です。ブラックの他の色もあり。

アルバムセレクトポイント

- 背景は黒
- コンパクトなサイズのアルバム
- パノラマ写真が入れられる万能アルバム

収納グッズを選ぶ時に、その素材のメリット・デメリットを意識しておくと、失敗が少なくなります。一覧表を参考に比較すると、収納グッズの選び方が、変わってくるはずです。

使用場所	強度	手入れ	価格
どこでも可	丈夫	簡単	安価
水回り不可	丈夫	簡単	高価
水回りは注意	丈夫	簡単	大きさによる
水回り不可	弱い	埃がたまりやすい	安価
水回り不可	布の種類による	洗える物もある	布の種類による
水回り不可のものもある	丈夫	埃がたまりやすい	高価
どこでも可	ビニールの厚みによる	簡単	安価
水回り不可	衝撃に弱い（破れる）	簡単	安価
どこでも可	丈夫	簡単	高価

30cm ※イメージは千円札の長辺（15cm）×2

仕切りボックス
W29.7×D12×H8.4cm（セリア）
P40参照

インボックス　レギュラー
W38.9×D26.6×H23.6cm
（ニトリ）　P38参照

ハンドル付きストッカー
W18×D29×H20cm（KEYUCA）

35cm ※イメージはB4サイズの長辺（36.4cm）

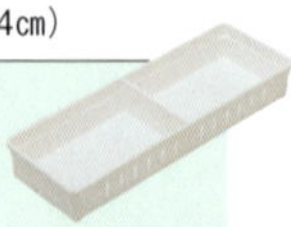

キッチントレー　ワイド
外寸W34.8×D12×H5cm（セリア）
P42参照

ポリプロピレンファイルボックス・スタンダードタイプ・ワイド・A4用ホワイトグレー
外寸約W15×D32×H24cm
（無印良品）　P36参照

SKUBB ボックス
W31×D34×H33cm（イケア）

40cm ※イメージは500mℓペットボトル（21.4cm）をタテに2本重ねた高さ。

インボックス　レギュラー
W38.9×D26.6×H23.6cm
（ニトリ）
P38参照

重なるブリ材長方形バスケット・大
約W37×D26×H24cm
（無印良品）　P39参照

重なるブリ材長方形バスケット・中
約W37×D26×H16cm
（無印良品）　P39参照

注）間口の幅に合わせて、収納グッズの向きを変えることを想定してご紹介しています。

収納グッズ　素材別（用途等）一覧表

素材	形状	メリット	デメリット
プラスチック	ボックス・ケース	手軽に購入できる	安っぽい
木	ボックス・トレー	調湿作用がある	取扱店（販売店舗）が少ない
スチール	カゴ・S字フック・L字スタンド	壊れにくい・長持ち	重い
紙	ファイルボックス・ボックス	軽い	すぐに破れる 傷みやすい
布	ボックス・袋・カバー	持ち運びしやすい	カビがはえることも
籐（自然素材）	カゴ・ボックス	インテリアに馴染みやすい	虫がわくことがある
ビニール	袋・ポーチ	分類しやすい	破れることもある 安っぽい
合成皮革	トレー・ボックス	インテリアに馴染む	じっくり見ると安っぽい
アクリル	ケース・ボックス	インテリアに馴染む オシャレ	傷がつきやすい

収納グッズ スペース別 一覧

以下の物以外にも入るグッズはありますが、
ここでは汎用性の高い物を厳選してみました。

15cm ※イメージは千円札の長辺（15cm）

ポリプロピレン
デスク内整理トレー4
約W13.4×D20×H4cm
（無印良品）
P41参照

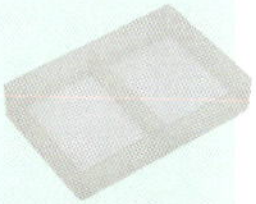

ポリプロピレン
メイクボックス
約W15×D22×H16.9cm
（無印良品）　P39参照

ポリプロピレン
メイクボックス・½
約W15×D22×H8.6cm
（無印良品）　P39参照

コンテナボックス
W15×D20.5×H9cm
（100円ショップ）
P39参照

20cm ※イメージはハガキの短辺（10cm）×2

ポリプロピレンデスク内
整理トレー2、3、4
（無印良品）
P41参照

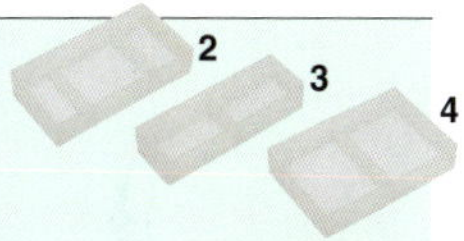

インボックス　クオーター・タテハーフ
W19.2×D26.4×H12cm、H23.6cm
（ニトリ）　P38参照

マガジンラック　タント
約W34×D20×H27cm（ニトリ）
P58参照

25cm ※イメージはティッシュの箱の大きさ（W24×D11.5×H6cm）

小物キャビネット KC-350DR
W30.8×D21×H29cm
（アイリスオーヤマ）
※収納物の目安　B5サイズまでの書類、
小物類　P43参照

VARIERA ボックス
W34×D24×H14.5cm（イケア）
P39参照

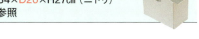

グッズを活用して整理収納の悩みを解決

収納グッズは使い方次第。
せっかく厳選して購入しても、
ライフスタイルに合った使い方をしないと
無用の長物になることも。
この章では、収納の基本的な考え方と、
収納の悩みをグッズの活用で解決した4軒の実例を紹介します。

「きれいが続く」収納の秘密

キーワードは、「空間セレブ」

物を納めたいがために、引き出しの中、扉の中、棚の上に物をギッシリ置いていませんか？　物がギチギチの状態（まったく余裕のない状態）で納められていると、いざ、物を使う時、取り出しづらく、イライラしてしまいます。最低でも指が入る空間は作りたいもの。

収納で大切なのは、きっちりすき間なく納めることではなく、**取り出しやすく納めること**です。空間はケチケチせずに、贅沢に使いましょう。納める物がゆったりできるよう心掛ければ、取り出しやすく片づけやすい収納になります。「空間セレブ」を目指していけば、自然と家の中にある物を厳選するようになり、結果、「きれいが続く」収納になっていくのです。

あなたの収納はどっち？

「収納美」とは、美しく、スタイリッシュな収納ができていること。
美収納《びしゅうのう》 VS. 醜納《しゅうのう》、あなたはどっち？

美収納

きれいがずっとキープできる収納。
崩したくない、乱したくない意識が働き、きれいを維持するために努力をする。

●どこに何があるか一目でわかる　●すぐに取り出せる
●しまいやすい　●見る度に胸がキュンキュンする　●メリットしかない

POINT
同じ収納グッズをきれいに整列させる。

醜納

とりあえず突っ込まれた収納、そこに入っているだけの収納。適当に放り込まれているので、「とにかくその中に入ればいい」と物が突っ込まれた状態が続く。

●中に何が入っているかわからない　●物を出す時は発掘作業になる
●見る度にげんなりする　●気分が落ち込む　●デメリットしかない

POINT
中の物を全て取り出し、**何が入っているか把握する**ところから始める（要不要の判断）。

収納の種類は3パターン

「収納」というと、どこかにすっぽり納めてしまう印象ですが、実は3つのパターンに分けられます。「見える収納」「魅せる(見せる)収納」「隠す収納」この3つをうまく使い分けて、より暮らしやすい環境を整えていきましょう。

1 見える収納

メリット　すぐに使える、一目で物の場所がわかる。

デメリット　手入れをしっかりしないと埃がたまる。ごちゃごちゃした印象になりやすい。

例 キッチンツールや調味料をすぐ使えるように出したままにする。

2 魅せる(見せる)収納

メリット　好きな物を常時眺められる。

デメリット　生活感が出ないよう厳選された物だけディスプレイするセンスが必要。

例 インテリアショップのディスプレイをイメージ。

3 隠す収納

メリット 生活感が出ない、**スッキリ**見える。

デメリット **取り出す手間**がかかる。
何が収納されているかわかるよう**ラベリング**するのが手間。

例 ティッシュやカレンダーなど、生活感の出る物も定位置を決め収納する。

番外編

見えちゃってる収納

一番多いのが、この収納。隠したつもりで隠しきれていない、魅せるつもりが、「見せる物」に統一感がなくバラバラ。結果、散らかって見えてしまう残念な収納です。魅せる（見せる）か、隠すか、ハッキリ決めることが重要。中途半端にしないようにしましょう。

収納のルール　4つの方法

収納は「仕切る」「立てる」「掛ける」「重ねる」の4つの言葉で完結します。物を納める時に迷ったら、この言葉を思い出してください。

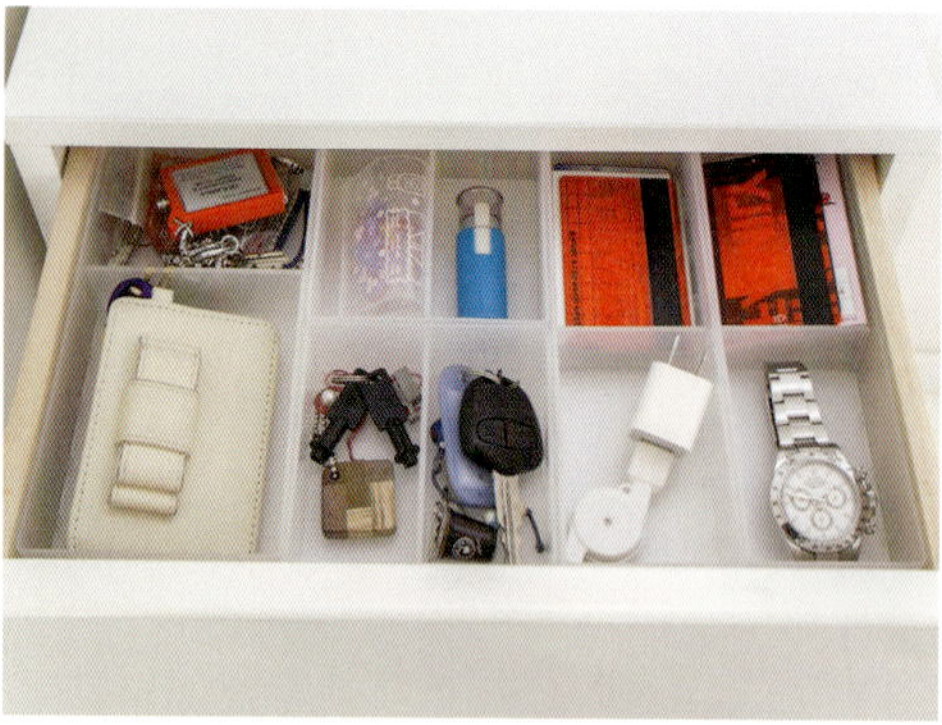

RULE 1
仕切る
↓
使いやすさ120%UP!

引き出しの中、扉の中、様々な収納空間を四角く仕切りましょう。**空間の区画整理**です。広い空間はごちゃ混ぜになりがち。欲しい物にすぐ辿りつけません。引き出しや扉を開けた時、一瞬でどこに何があるかわかるように仕切ります。

引き出しの中はトレーを用いて、種類ごとに一つの部屋を与えるイメージで仕切ります。仕切る手間、時間はかかりますが、一度、物と向き合い、システムを作ってしまえば、後はそれをキープするだけなので簡単です。費やした時間以上の価値が得られます。

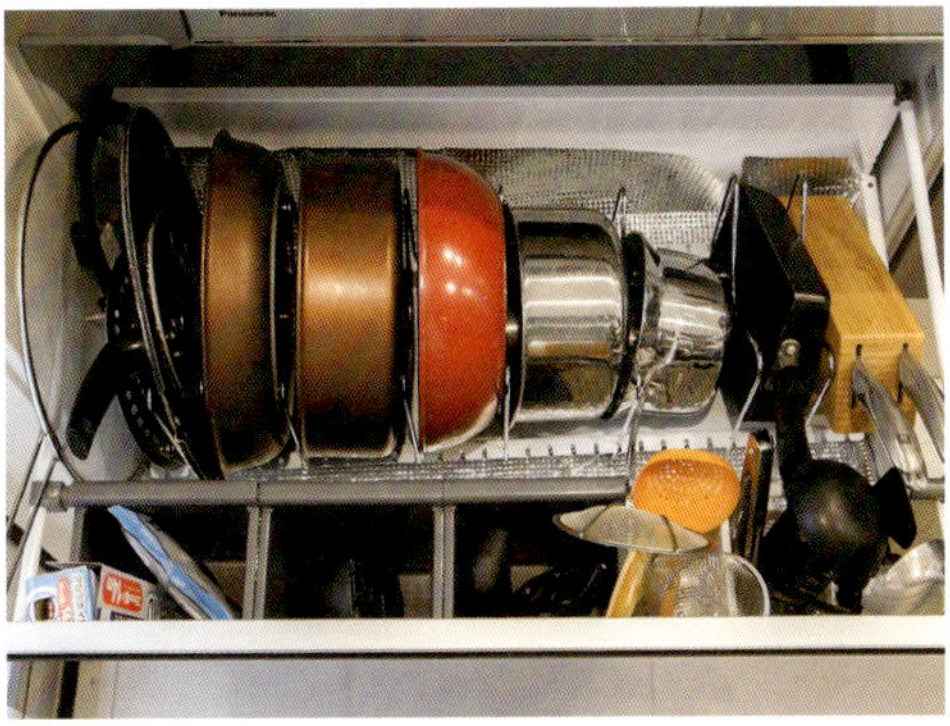

RULE 2
立てる
↓
取り出しやすい＝戻しやすい

本や雑誌以外にも、立てる収納はとても便利。我が家はフライパン、衣類、スーパーの袋、アイロン台まで立てる収納をしています。

立たせる理由は、**①上から、前から見て、何があるのかわかりやすい　②取り出しやすい　③空間を無駄にしない**　からです。製菓道具のシリコン型やワッフルメーカーは自立しないので、ファイルボックスに入れて立たせていますし、ハンカチやハンドタオルは引き出しの中で倒れてこないよう、ブックエンドを用いて立たせています。

「立たない」と諦める前に、箱に入れる、ブックエンドを使う等、工夫してみましょう。取り出しやすさが劇的に上がります。

RULE 3 掛ける ↓ すぐに使える!

収納スペースがないなら、**空中に収納**しましょう。フックを付けたり、つっぱり棒やS字フックを用いて「掛ける（吊るす）」収納を。物を掛けることで、空間を有効活用できますし、使いたい時にすぐに取り出せます。

また、床に物を置かなくなるので、物を動かさずに掃除ができ楽です。ポイントは簡単に手の届く高さ、場所にすること。高すぎたり低すぎたりすると、床に置きっぱなしになる確率が上がります。眼鏡、掃除道具、スプレー洗剤、カチューシャ、アクセサリー、ベルト等々、様々な物が掛けられます。

フックは粘着タイプ、ピンタイプ、マグネットタイプがあり、サイズも様々。ホームセンターには種類が豊富に揃っています。

RULE 4
重ねる

↓

収納量が2倍に

深さのある引き出しや、棚板で空いたスペース、持て余していませんか？　収納量が少なければ、増やすことができます。仕切りとなる容器（トレー・箱）を2段、3段と重ねるだけで収納量が増やせます。

引き出しの場合は、毎日使用する物や、頻繁に使用する物は一番上に収納し、使用頻度が低い物や、季節外の物、予備の物は下の段に収納を。使いたい時は容器をずらすだけです。押し入れや造りつけの物入れ、収納棚などは、手前に使用頻度の高いもの、奥に使用頻度の低いものをしまいます。手前のものを動かしやすい状態にしておきたいので、キャスター付きを使用するのがおすすめ。きっちり重なるよう、**直角の容器**を使うことがポイントです。

Case 1

Oさん宅

家のタイプ　戸建て
家の間取り　6LDK
家族構成　大人2人　子ども4人

お家のお悩み解決！

「**収納場所**の決め方、
収納グッズの選び方がわからず、
途方に暮れていました。
日常生活に追われて、
片づける気力・時間もありません」

広い収納スペースは、収納グッズを用いて
空間を仕切ると物が納めやすくなります。
まずはサイズを測り、収納グッズを選びましょう。

ココがダメ！

システムキッチンに**付属のトレーをなんとなく使い続ける**のはNG。自分の基準に合う収納グッズを使いましょう（賃貸住宅の場合は、トレーを処分せず別の場所で保管してください）。

お悩み

「収納場所はたくさんあるから、しまうことはできる。だけど、**とにかく入れている現状**にうんざり」

ココがダメ！

収納ボックスと空き箱が混在すると見た目にスッキリしません。また、デッドスペースができて収納量も少なくなることに。

ココがダメ！

鍋やフライパンを重ねて収納すると、取り出しにくく、しまいにくい。その動作だけで家事効率もダウン。

見慣れてしまって使いづらさに気づかない状態

全ての物を確認してみると、缶切りが何個もあったり、使用中の洗剤とストックの洗剤が一緒に収納されていたり……。

スムーズに調理するために、シンクまわりは日常使いの物に限定して収納します。ストック品は別の場所に移動。見慣れてしまうと、「そこにあるのが当たり前」になってしまい、使いづらさに気づかないもの。一つ一つの物と向き合うことが必要です。

Case 1
Oさん宅

システムキッチン［シンクまわり］

キッチンでは「ワンアクション」収納を目指して。立てれば収納量、作業効率ともにアップします。

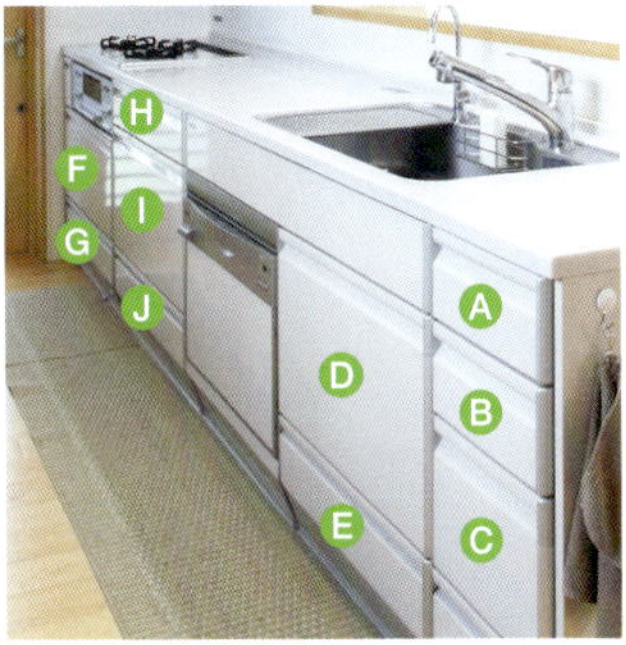

Ⓗ〜Ⓖ はP80〜81参照。

立てる収納なら取り出しやすい

普段使いの布巾は、すぐ使えるよう、たたんだ輪を上に向け立てる。

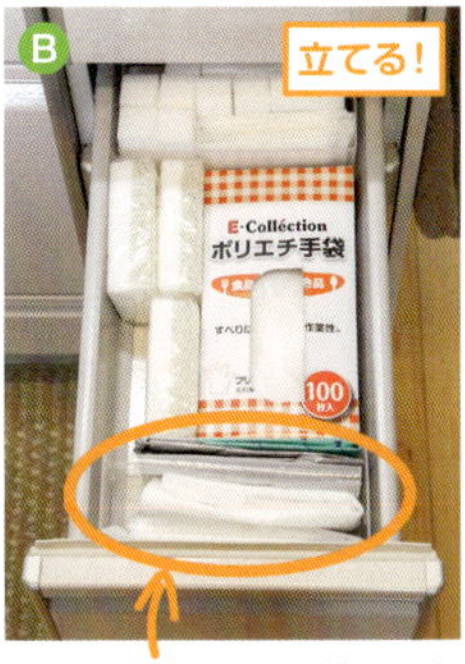

スーパーのビニール袋は四角に折りたたみ、立てる。

ストックの布巾は奥に。保存袋は取り出し口を上に向け、すぐに使えるように収納。

グッズ活用!

仕切りスタンド

重ねがちな布ものは、仕切りスタンドを活用して立てて収納。これならストックも一目でわかる（P45参照）。

専用スタンドを使って立てる

シンク下には、ボウル・ざるスタンドで立てる収納。ボウル・ざるスタンド（伸晃）

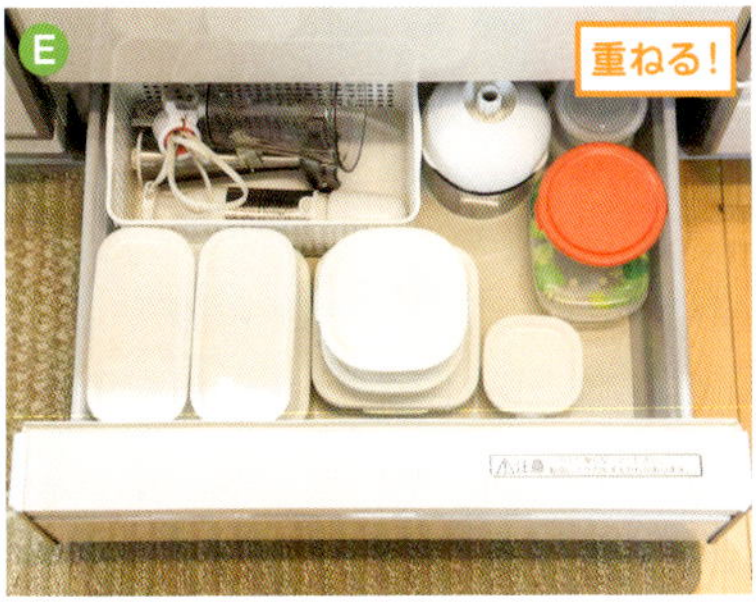

色、形を揃えて見た目スッキリ

使用頻度の低いハンドミキサーを奥に収納、ガラスの保存容器は同じ大きさの物を重ねてすぐ使えるように。

システムキッチン［コンロまわり］

鍋は数を限定し、立てて並べる！

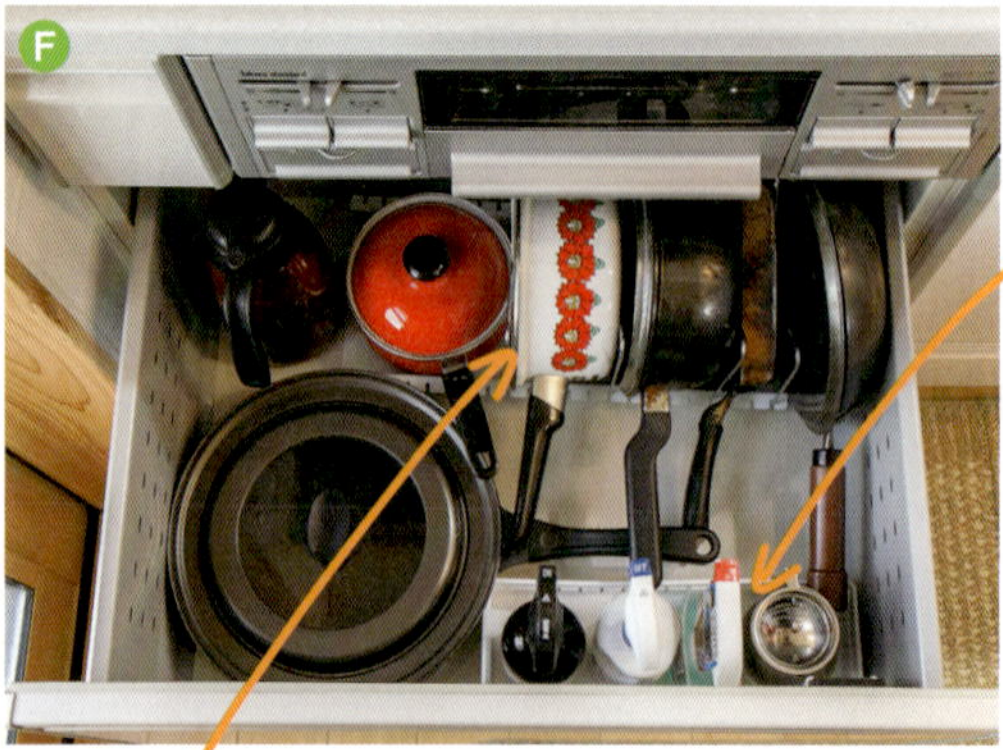

グッズ活用！
洗剤は仕切りトレーにまとめて立てる

深い引き出しには、キッチンまわりの洗剤をまとめて収納。その時にファイルボックスや仕切りトレーを使うと安定し、液だれもカバーできます。

グッズ活用！ 鍋、フライパンは立てておけば取り出しやすい

鍋は数を厳選し、立てて収納。使用頻度の高い物だけ収納します。年に数回しか使用しない物はその場から出してみましょう。参考商品／フライパン・鍋・ふた　スタンド（伸晃）※ワイドタイプもあり。P52参照。

戸棚にしまいがちな土鍋セットもコンロ近くに

土鍋、すき焼き鍋は、すぐに使えるように箱から出して収納を。専用のお玉や、カセットコンロ、替えのボンベもまとめておくと、使用する時便利です。

解決！

コンロまわりの収納を改善することで調理もスムーズに。キッチン洗剤が近くにあれば、油汚れもすぐに落とせます。

キッチン収納は「使いやすく」納めることを一番に考える

鍋やフライパンの数が多いと、全てを納めるために重ねて収納してしまいがちですが、そのような収納では一番下の物を取り出す時、上に重なった全ての物を動かさなければならず、面倒です。

鍋やフライパンも、立てて収納するのがベスト。ワンアクションで取り出せ、時短家事にも直結します。フライパン立てやキッチントレーを活用して立てましょう。引き出し式キッチン、扉式キッチンどちらにも活用できます。

Case 1
Oさん宅

システムキッチン［調理まわり］

解決！

調理に使うものは、引き出しごとにグルーピングを。同じ役目の物をまとめるというルールで収納しましょう。

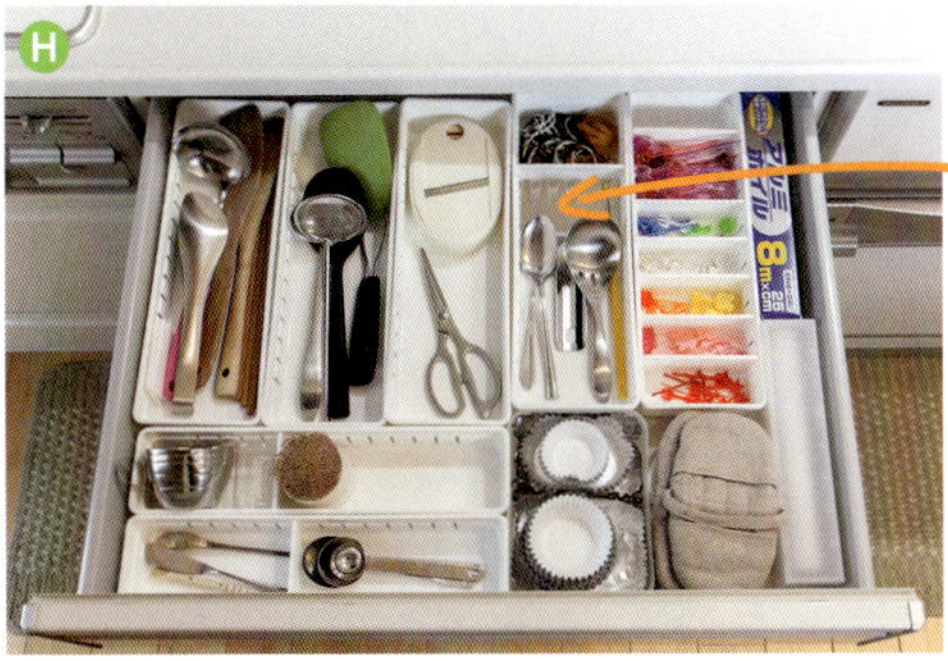

H

使用頻度 高

キッチン付属のトレーを外し、100円ショップのキッチントレーに、細々としたキッチングッズを納めました。

グッズ活用！

同種のアイテムをキッチントレーで仕分ける

可動式の仕切り板でツールごとにまとめます。キッチントレー・ホワイト（イノマタ化学）P42参照。

I

使用頻度 高

コンロ（左側）に近いほうに調味料を収納して、家事効率をアップ。高さのある鍋は、シンク側（右側）に。

グッズ活用！

調味料の容器を統一して見た目スッキリ

塩や砂糖などの調味料を片手で開け閉めできる保存容器に入れておけば、調理中にササッと使うことができます。保存容器（カインズホーム）P54参照。

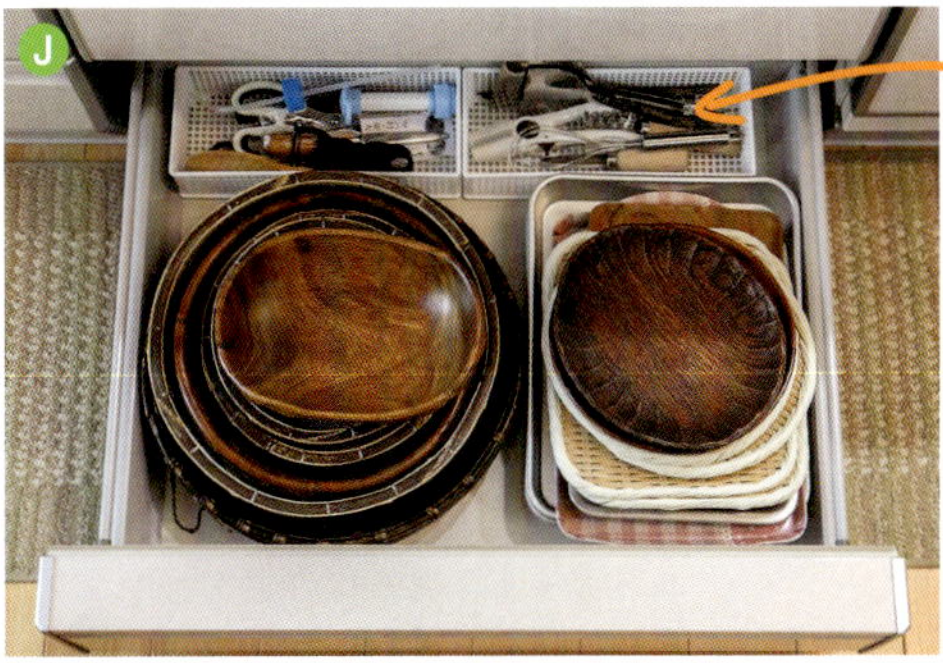

J

使用頻度 低

ザルやトレーは形ごとにまとめて収納。使用頻度の低いキッチンツールを引き出しの奥にまとめておきます。

グッズ活用！

使用頻度の低いものは引き出しの奥へ

使用頻度の低いものは仕切りボックスにまとめて。ただし、大雑把にでも分類しておくこと。詰めすぎて何が入っているかわからなくなるのはNG。P40参照。

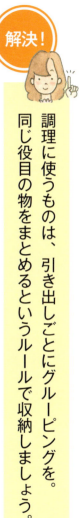

キャビネット

キッチントレーを使いお弁当グッズをまとめる

毎朝3人分のお弁当を作るため、お弁当用のグッズもたくさんあります。全てのお弁当グッズに定位置を設けました。

小皿はトレーで立体収納。スペースを無駄なく使う

キャビネットの左隣に冷蔵庫、右に炊飯器があり、使い勝手を考えて左がグラス、湯呑み、右にしゃもじを入れました。箸置きは2段にして収納しています。

クリアケースで立てれば一目瞭然

保温用お弁当箱を手前に。奥はペーパーナプキン等を取り出しやすいように100円ショップのクリアケースに立てて収納。

自由に使える余白スペースを確保

水筒などを入れた竹カゴは、果物やお菓子がある時に入れて使うカゴ。入れる物がない時は出しっぱなしにせず、引き出しに入れて収納として用います。

解決!

引き出しは、使用頻度の高さに合わせて上から収納しましょう。グッズを活用して、どこに何があるか「見える化」します。

物はたくさん入るけれど使い勝手の悪い収納

大きな引き出しは「何を納めるか」「どのように使うか?」を明確にしないと使い勝手の悪い収納になってしまいます。そうならないために、①動線を考える ②同じ用途の物をグルーピングする ③使用頻度の高い物から「1段目」「2段目」と、高さを考慮し納める、これが鉄則です。グルーピングした物同士が交ざらないよう、トレーやボックスで引き出し内を仕切るのはマストです。

Case 1
Oさん宅

解決！

忙しさを理由に、ついつい乱雑になってしまう食材庫や冷蔵庫の中は、取り出しやすさ優先の収納にすれば、食材の無駄をなくせます。

パントリー

美収納完成!!

容器を
揃えるだけで
見た目が美しい
だけでなく
収納量もUP！

冷蔵庫

野菜庫

野菜は立てて納めると鮮度が長持ちするので、100円ショップのクリアケースを用いて立てる収納に。

冷凍庫

上段は高さのない食品を納め、下段は100円ショップのL字スタンドで立てて収納を。

食材の分類は大まかでOK。残量がわかりやすい収納を

食材の分類は、細かく分けすぎると、どこに入れたかわかりづらくなり、種類によってはギュウギュウ詰めのところができてしまいます。そうならないために、大きなボックスに食材を大まかに納めましょう。じゃがいも等の根菜類は、残量がわかりやすいように、高さのないボックスを用いています。

冷蔵庫のドアポケットに入れがちな調味料は、調理の時にしか使わないので野菜室に収納します。

お悩み

「家族が集まる場所であり、お客様も迎えるところ。ついついごちゃごちゃしてしまうのが悩みです」

家族の共有スペースだから、収納のルールは明確に

ダイニングはみんなが使う場所ですから、色んな物が自然と集まってきます。そんなダイニングの片づけポイントは、①家族で共有する物の定位置を決める ②誰でも戻せる簡単な収納にする これができれば、物は出しっぱなしになりません。家族で共有する文具や薬は、物を厳選し、使う物だけ納めます。普段使用する物と予備の物が交ざらないよう分けて収納することもポイントです。

Oさん宅

収納のコツ

紙袋は持ち手を中に入れ、横にして収納

袋を横にすることで、
①紙袋の高さがわかる
②マチの幅がわかる
③他の紙袋と引っかからず取り出しやすい。

グッズ活用！

サイズ別にスッキリ収納できる紙袋ケース

紙袋収納ボックスを用い、このボックス内に入る量を意識することで、定量・定型をキープできます。ワイド紙袋収納ボックス W55×D24×H35㎝（コジット）

グッズ活用！

増え続けるDVDは不織布DVDケースで解決！

不織布DVDケースに入れ、分類してアクリルCDボックスに入れました。ハードケースがなくなった分、コンパクトに、出し入れしやすくなりました。重なるアクリルCDボックス　W13.5×D27×H15.5㎝（無印良品）

ため込んでしまうものは、グッズを使って解決！

透けて見える時は、同系色のグッズを選ぶ

キッチンカウンター下は、すりガラス。中に収納している物が透けて見えるので、木の素材になじむラタンボックスを用い、同化させました。ラタンボックスは価格が少し高めなので躊躇しますが、「投資」と割り切りましょう（家族が手伝いをしやすいよう、カトラリー等を収納しています）。重なるラタン長方形ボックス・ハーフ・浅　約W26×D9×H6㎝、ラタンボックス取っ手付・スタッカブル 約W15×D22×H9㎝（無印良品）

すっきり見せるコツは、色のトーンを合わせること。

お悩み

「家族みんなが使う日用品の引き出し。使ったら元の場所にきちんと戻してほしい」

ダイニング収納棚

BEFORE

薬関係や文具など、家族で使うものを収納するダイニングに造りつけられた収納棚。1段目にはご主人の私物を収納。

2段目

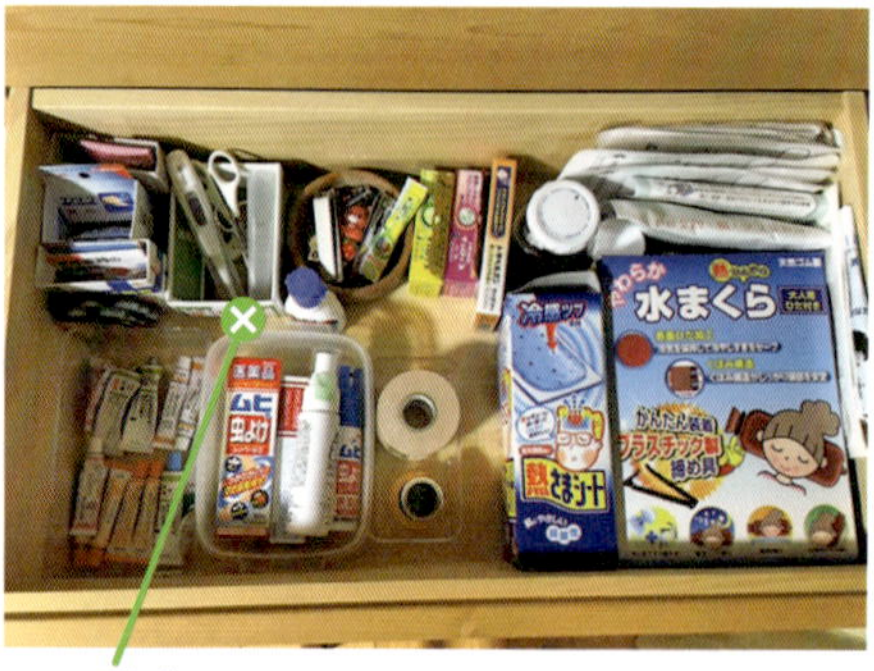

ココがダメ！ 収納容器が揃っていない

きちんと物が納まるようにケースを使っていますが、容器が揃っていないので、少し残念な収納に……。

3段目

ココがダメ！

収納グッズの色がバラバラのため、ごちゃついた印象に。何をどこにしまうかがわかりにくい。

ココがダメ！

空き箱を利用したバラバラ収納

一見整理されているようですが、空き箱に物がギュウギュウ詰め。要不要の判断が曖昧で、ミックスされている状態。

4段目

ココがダメ！

たたみ方がバラバラ

お弁当で使う布類をまとめて収納。たたみ方がバラバラでスッキリしない状態。

Case 1
Oさん宅

AFTER

解決！

元に戻しやすい仕組みにするには、ひとつの場所に、ひとつのカテゴリーで収納すること。

2段目

仕切りボックスを統一し、同種のものごとに仕分ける

塗り薬、はさみ＆爪切り、テープ……とグルーピング後、仕切って収納。チューブの塗り薬は、立てる収納より、横にしたほうが、何の薬かがわかりやすい。

グッズ活用！
仕切りボックス
100円ショップの仕切りボックスで、細々した物を仕切って収納を。P40参照。

3段目

重ねる場合はよく使うものを上段に

要不要の判断後、仕切りボックスを2段に重ね、上段にいつも使う一連の文具を納め、下段はストックの文具を納めました。

グッズ活用！
ブックエンド
ブックエンドを使って、たたんだ布物を立てて収納。P44参照。

4段目

布ものは重ねずに立てて収納する

たたんだ布の輪を上にし、立てて収納したら、見た目、取り出しやすさ共に良くなりました。

5段目

物があふれないよう予備スペースを確保

要不要の判断をしたら、一番下の引き出しが空き、物の「避難所」ができました。

お悩み

「パソコンや電話……。リビングで目につくごちゃついたコードをすっきりさせたい！」

解決！

電気コードのために穴を開ける。
時には思い切りも大切です。

コンセントへの近道を探して、見せない・隠す

天板の上をコードが這わないように、天板に小さな穴を空け、そこからコードを下に通しました。Wi-Fiルーターは床に直接置かず、床の色に合わせたカゴに入れてコンパクトに。

可動式ワゴンでPC環境スッキリ

奥行きが深い押入れは、物を前後に分けて収納を。一番奥は年に一度しか使用しないクリスマスグッズをバンカーズボックスに収納。プリンターワゴンを採用し、プリンター、パソコン、仕事の資料、PC関連グッズ（インク等）をまとめて収納。

お悩み

「家族が多い分、どうしても乱雑に。玄関収納をうまく活用したい」

解決！

クリーニングに出す物は玄関のカゴに。カゴごと車に積んで持ち出せます。

コート掛けには、衣類だけでなく、床に直接ちょい置きされた物があり、ちょっと残念な見た目に。

壁面は「掛ける」収納で有効活用を

床のカゴにはクリーニングに出すもの、人に譲るものなど分けて入れ、すぐに持ち出せるようにしました。

なんでも置くのはNG。遊び道具はガレージに収納

6人分の靴、傘等を収納するシューズクローゼット。靴以外に、バットやラケット、ボール等、お子様のスポーツ道具や、たくさんの傘が取りあえず置かれており、物置きのようでした。家族しか使わないスペースであっても、毎日使う場所なので、使いやすくスッキリさせたいシューズクローゼット。お子様のスポーツ道具はガレージに移動。出入り口前に置いていた大きな傘立てをやめ、コート掛け横の壁にDIYでタオルバーを上下2段に設置。上段は日傘や折りたたみ傘、下段に雨傘を掛ける収納に変更。玄関側からは傘が見えず、見た目も使い勝手もアップしました。

お悩み

「適当に入れているだけの洗面台下の収納をなんとかうまく活用したい」

家族が多いので2口並んだ洗面台があり、左右にたっぷりの洗面台下収納が。

BEFORE

収納スペースは広いけれど、排水管があるため上手く使いこなせない難しい場所

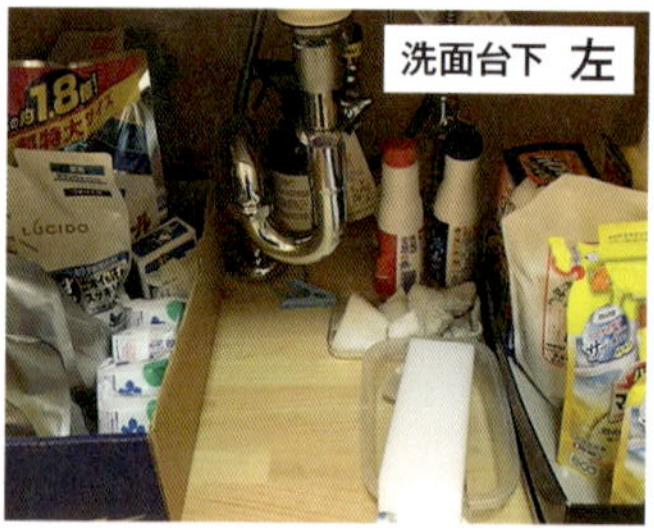

取り出しやすくするためにカゴを利用しましたが、排水管の前はピッタリのカゴがなく、直置きの物も。

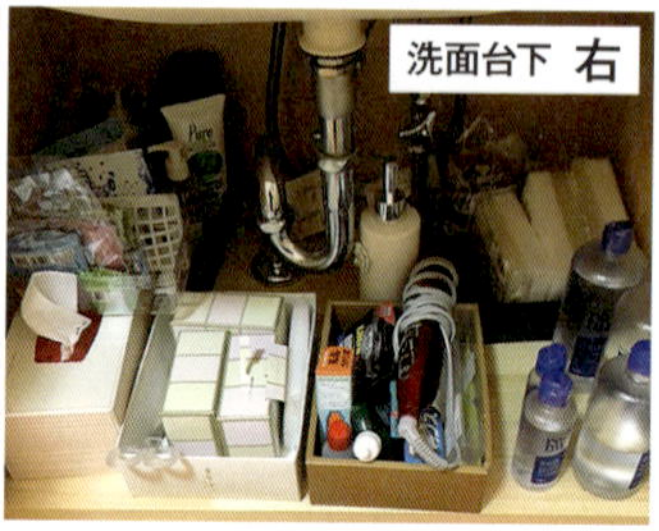

ストック品と普段使用している物が混在し、用途ごとにまとめられていない状態。

スペースをタテに区切るだけでなく、一歩進んだ収納に

扉式の洗面台下は、排水管があるため収納スペースが複雑で、奥に収納した物を忘れてしまう、奥の物が取り出しづらい等、収納が難しいスペースです。

この場所をうまく使うには、空間をきっちり仕切ること。スライドできるラックは、奥の物も取り出しやすく、収納量も増えます。用途ごとにグルーピングし、ストック品の管理もできるようになりました。

引き出せる収納グッズを使ってスペースを最大限活用しました。洗面台下収納スライドラック スライド2段　W30×D34.5×H35㎝（ディノス）

引き出し式の収納グッズを使えば、洗面台下の奥のものも取り出しやすく、収納量も倍増します。

AFTER

洗剤、衛生用品……
種類別にグルーピングして使い勝手がアップ

掃除道具をまとめて収納。そのまま立てていたときよりも洗剤は取り出しやすくなった。

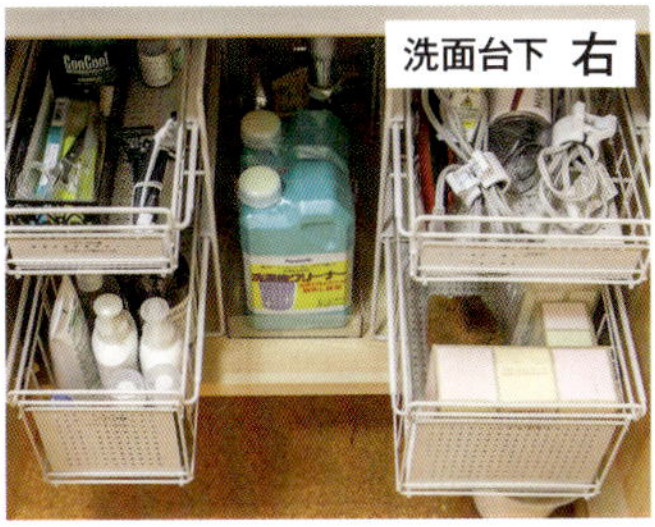

ストック類が一目瞭然に。何が足りないかがわかり不要な買い物をしなくてすむ。

戸棚

グッズ活用！

インボックスを使った来客用セット

バスタオルとフェイスタオルを1人分ずつのセットに。インボックス・クオーター（ニトリ）P38参照。

来客用のタオル類が収納された戸棚。きれいにたたんで収納しても、何故かスッキリ見えず取り出しづらい。

お悩み

「6人分の普段着と下着を収納できるクローゼット。造りつけの棚をうまく活用できない」

ココがダメ!

種類も色もバラバラなハンガーで見た目も悪い

クリーニング店のハンガーなど、集まってきたハンガーをそのまま利用していて、掛けられた服の高さも幅もバラバラ。

ココがダメ!

とりあえずの収納で何が入っているかわからない

以前使用していたケースの引き出し部分に衣類を入れて再利用。上の方は取り出しにくく、何が入っているかわからない。

ココがダメ!

適当に置いただけで使うものが取り出しにくい

棚板があるので、ついそのまま物を置いてしまっている状態。積み重なったり、奥にいったり、使う時に取り出しにくい。

家族がスムーズに片づけられる収納環境を作ることが先決

家族の人数分あるクローゼットは造りつけのため、収納用品のサイズが微妙に合わず、片づけが難しい場所でした。仮の収納として、以前の住まいで使っていた衣装ケースの引き出しを使っていましたが、見た目も、使い勝手も悪く、お手上げ状態。そこで収納スペースを採寸し、それぞれの場所に合った衣装ケースを納めたところ、子どもたちは衣類をきちんとたたみ、自ら収納する習慣が身に付きました。

Case 1
Oさん宅

解決！

根気よくぴったりサイズのものを探す。
見た目がスッキリすると、片づけたくなります。

美しくすれば それをキープ したくなる

バラバラだった衣装ケースを統一し、スペースに合わせたサイズのものを選んだ結果、見た目にもスッキリ。一気に揃えるのが難しくても、間に合わせのものを買うのはNG。

身仕度の チェックが できる工夫

右／棚板にフックをつけ、軽量ミラーを掛けました。
左／ハンディークリーナーの黒いコードはモールを用い、壁に沿わせ、スッキリしました。

グッズ活用！

仕切りボックスで収納量増

100円ショップの仕切りボックスで引き出しの中を区切り、2段に重ね、オフシーズンの物は下段、オンシーズンの物は上段に収納。P40参照。

収納のコツ

サイズをしっかり測り、ピッタリサイズの収納を選ぶ

扉がある場合はそれも考慮して内側のサイズを測ります（写真は扉のないスペースです）。

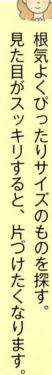

収納についてよくある質問にお答えします 1

Q 何かと場所をとるタオル。収納方法はどうすればいい？

A 置きたい場所のスペースに合わせて、収納の仕方を考えましょう。

タオルの収納方法やたたみ方に悩んでいる人が意外と多いようです。家族分の枚数にお客様用を含めると、何枚にもなってしまうタオル。たたみ方と収納方法の正解はひとつではありません。収納したいスペースに合わせて、たたみ方、収納方法を考えてみましょう。フェイスタオルで3つの例を挙げてみたので、参考にしてください。

狭いスペースに収納
巻き型

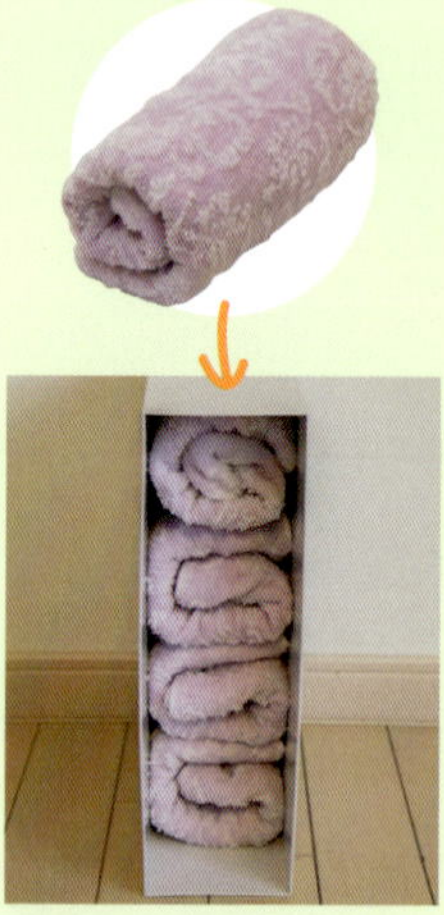

幅が狭く、縦長のスペースならば、巻いてファイルボックスを使って収納します。

コンテナボックス・引き出しに収納
三つ折り型

コンテナボックスの幅に合わせて三つ折りにし、立てて収納します。

棚に重ねて収納
四つ折り型

棚などに重ねて置く場合には、四つ折りにして輪のほうを手前にします。

Q 引き出しの目隠し、何ですればいいですか？

A プラスチック段ボールとテープのりを使います。

中が透けて見える引き出しの目隠しをどうしているか、という質問をよく受けます。私はプラスチック段ボールをコクヨのドットライナーというテープのりを使って貼り付けています。ドットライナーですと、剝がすのも簡単なのでおすすめですよ。よくコピー用紙を使われているのを見ますが、角が折れてしまったり、使ううちに紙がよれてきたりするのでおすすめできません。

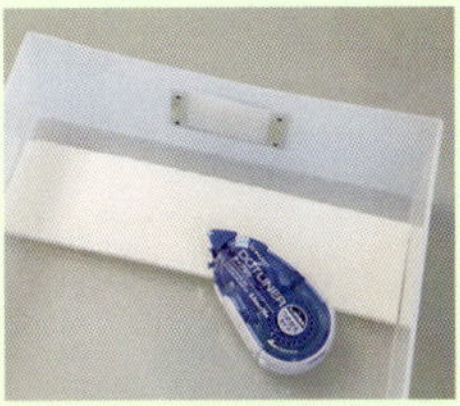

ドットライナー（コクヨ）。貼ってはがせるタイプもあり。

中が透けて見えないのでスッキリ見える。

Q ラベルテープは何種類か使い分ければいい？

A ラベルライターのテープはたくさん要りません。一般家庭であれば、幅9㎜と12㎜があれば十分。

6㎜幅は、12㎜幅のテープに2行印字し、真ん中でカットすれば、6㎜幅になります。仮のラベリングとして付箋を使うのはＮＧです。それならば、１００円ショップの貼って剝がせるシールを使ってください。おすすめのテープ幅は、9㎜または12㎜です。会社ではないので、たくさんの種類のテープは不要です。

カートリッジは、透明テープに黒印字、透明テープに白印字（化粧品のケースなど、黒い物）、また、リボンテープがあれば、どんな場所でも対応できます。

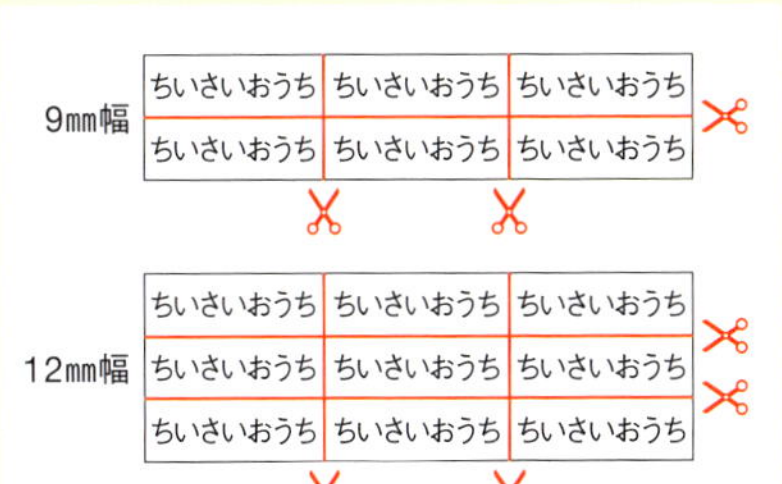

Case 2

Hさん宅

家のタイプ　戸建て
家の間取り　5LDK
家族構成　大人2人　子ども3人

お家のお悩み解決！

「**子どもが増える**につれ、
リビングや洗面所など
家族の共有スペースに
物が増えて片づけが追いつかなくなり、
あきらめていました」

子どもがいるからとあきらめないで。
家族のだれもがストレスなく
片づけやすい仕組みをつくりましょう。

お悩み

「収納グッズを活用しているのに、なぜかごちゃついていて、スッキリ見えない」

ココがダメ!

キッチンに付属していたグレーのトレーをそのまま使用。**収める物にサイズが合っていない**ので適当に入れている。

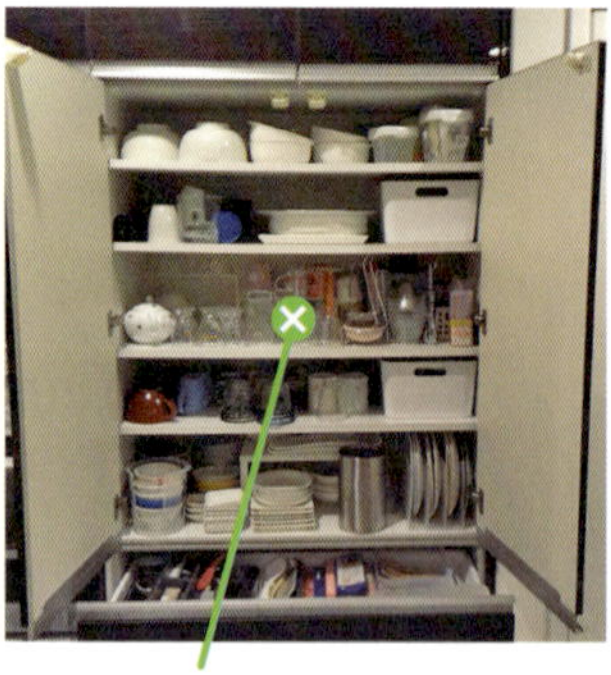

ココがダメ!

色も形も交ざって置いている状態。使用頻度ごとにまとめていないため、なんとなく使いづらい。

ココがダメ!

とりあえず納まるように**収納トレーを縦・横適当に入れている**ので取り出しにくい。

収納スペースがそこそこあり、なんとなく物が入っている状態

扉を閉じれば中の状態はわかりませんが、収納を極めるなら、扉を開けた時も、スッキリ美しく見え、使い勝手が良いに越したことはありません。食器を使いやすく納めるには、取り出しやすい高さに納めること。美しく納めるには、色や素材ごとにまとめ、食器の高さを揃えること。これらを少し意識するだけで、見た目も使い勝手も変わります。使いやすく、美しい収納を極めましょう。

Case 2
Hさん宅

食器棚

解決！

収納グッズはもちろん、しまう物も色のトーンを統一すれば、どこを見ても〝美〟収納に！

色、デザインを厳選し〝見せる〟収納に

扉のない棚に置くキッチン家電は、色やデザインに統一性をもたせてスッキリさせ〝見せる〟収納に。

同種の食器を奥へと並べる〝奥並べ収納〟

ボックス、ガラス製品、食器を、種類ごとに奥へと並べると、わかりやすく美しい収納に。P115参照。

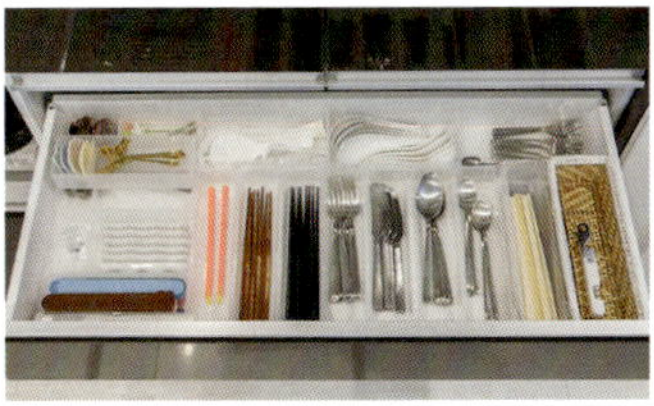

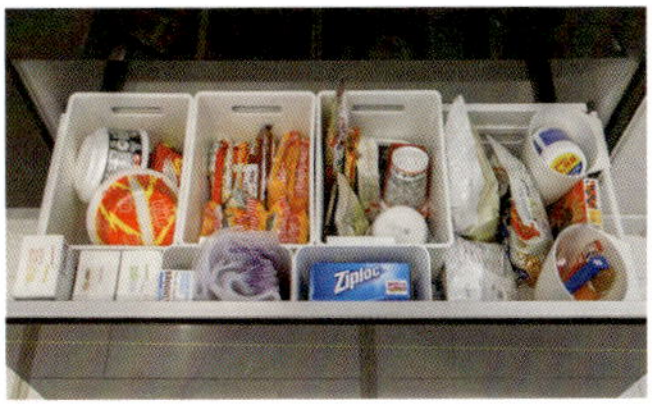

右上／キッチンに付属のトレーをやめ、小分けできるトレーに変更。トレーの向きを同じ方向に揃えただけで見た目も取り出しやすさも格段にアップ。左上／子どもも取り出せる高さの引き出しに日常使いの食器を収納。左／食品や消耗品は、立てて収納。

グッズ活用！

ファイルボックス

10㎝幅のファイルボックスに使い捨て容器、エプロン等、グルーピングで収納しています。

システムキッチン［コンロまわり］

解決！

収納グッズを使っていても使いづらくてはダメ。使いやすさを考えて調理道具の配置を決めていきましょう。

BEFORE

ココがダメ！

火を使うそばに、水まわりで使用するざるを入れるのはNG。「使う場所に使う物」の収納のルールを守りましょう。

AFTER

向きを揃えるだけで見た目、取り出しやすさがアップします

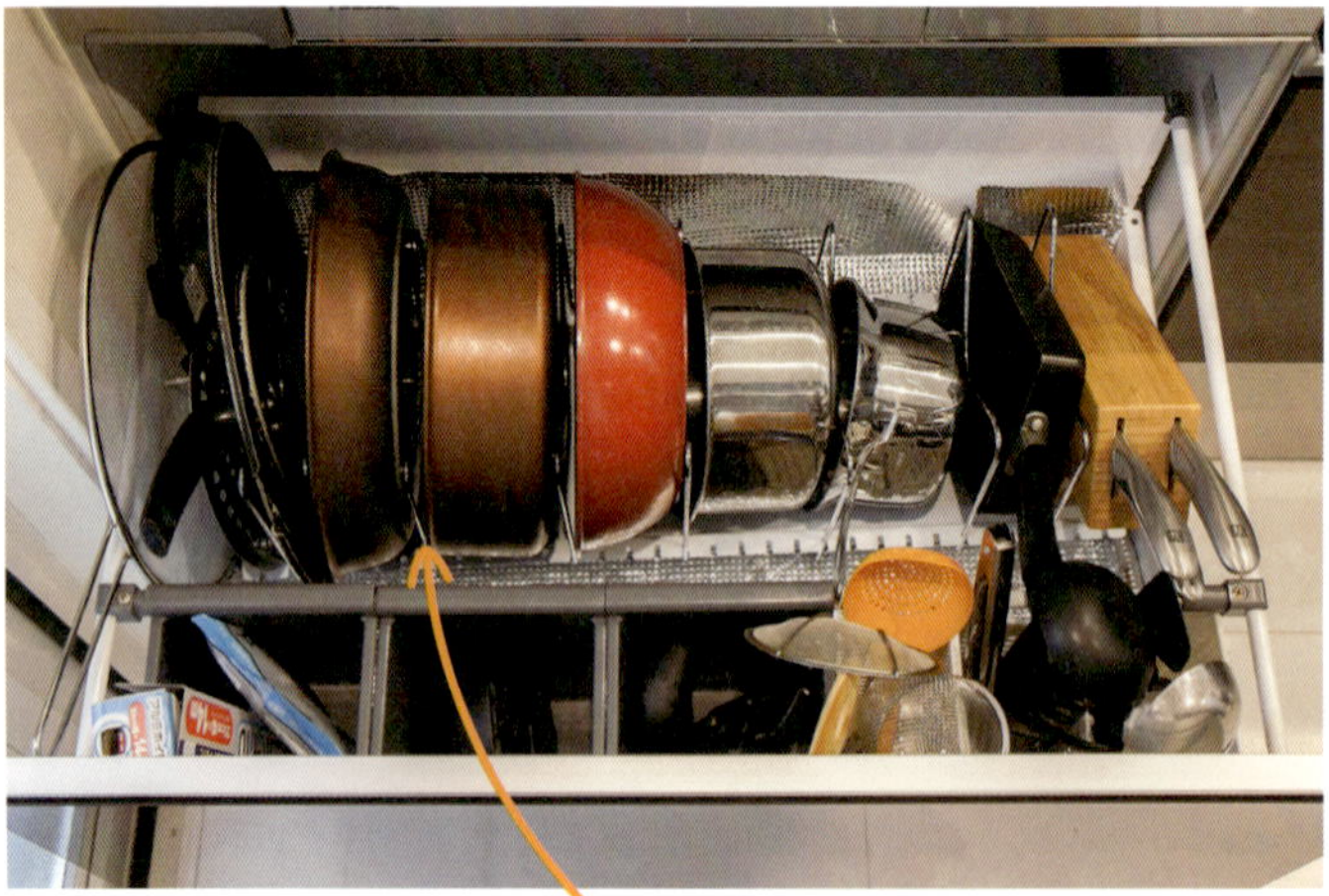

グッズ活用！

取っ手が取れる鍋もあえて立てる

今まで重ねていた取っ手が取れる鍋をそれぞれ自立させたので、取り出しやすさが格段に良くなりました。

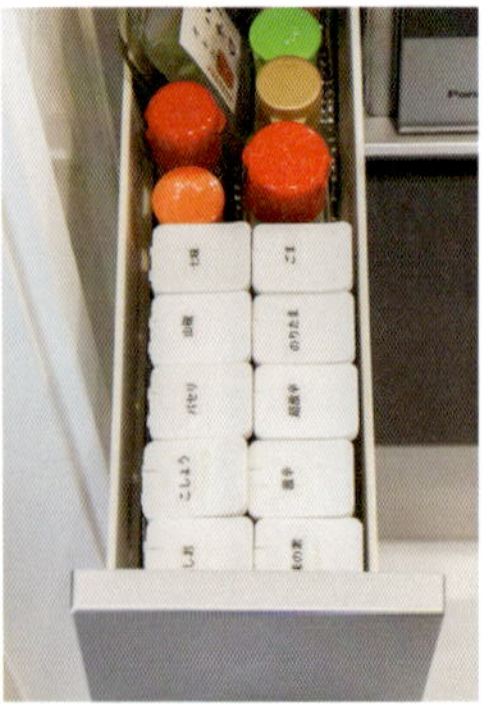

グリル脇引き出しに収まるスパイスボトル

コンロ横の狭いスペースに無駄なスペースを作らず、ピッタリ納まるスパイスボトル。スパイスボトル（容量70㎖）約W3.1×D3.8×H10.3㎝（sarasadesign）

Case 2

Hさん宅

システムキッチン［調理まわり］

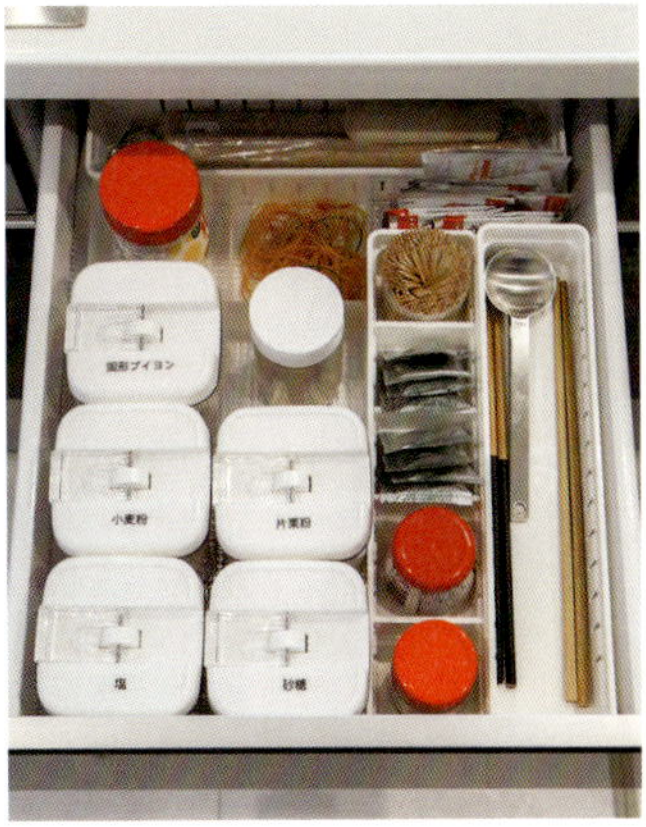

下段

ボトル類は直置きせず カゴに入れる

倒れやすいボトル類は、高さのあるカゴに入れ転倒防止。カゴに入れることで、液だれしても丸洗いできるのでお手入れも簡単。

上段

細かく仕切ることで 取り出しやすさが増す

上段はよく使う調味料や菜箸を。キッチントレースリムの仕切り板を用い、つまようじや粉末出汁を細かく分類。

グルーピングして収納すれば、時短調理につながります。

システムキッチン［シンクまわり］

スポンジや洗剤は シンクの色に合わせる

シンクまわりは掃除がしやすいように極力物は置かない。カラフルな洗剤容器は目立つので白い物をチョイス。

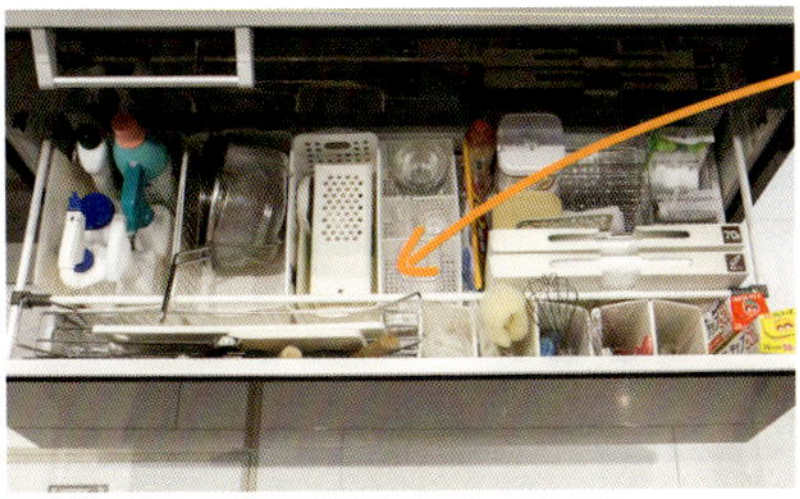

収納のコツ

仕切る・立てるで 使いやすい収納に

シンク下は水まわりの物を収納。シンクで使用する洗剤やゴミ袋等の消耗品や、まな板やザルなどの調理器具を。使う場所に使う物を納めます。

シンクで使う物も色の統一を。それだけで見た目スッキリ。

お悩み

「帰宅して、まず通るのがダイニング。オンとオフを切り替える場所として機能させたい」

階段下スペース

階段下を、子どもたちが楽しみながら身支度できるコーナーにチェンジ

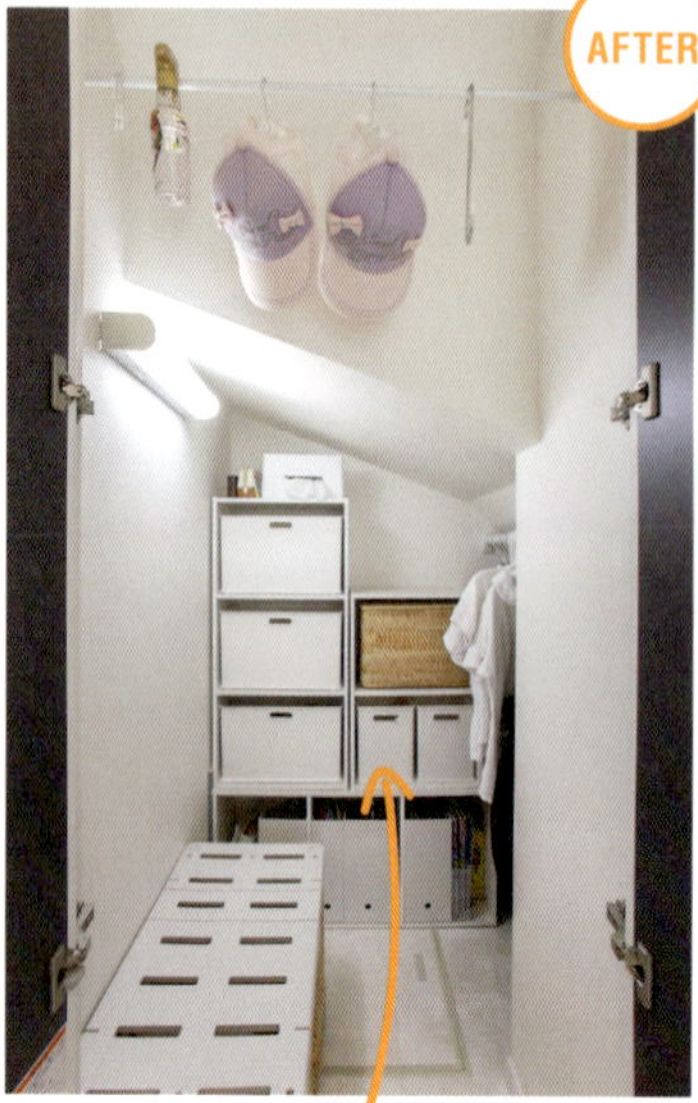

ダイニングに入ってすぐ左側にある階段下コーナーに家族の下着類を収納していたが、収納扉を開けて取りに行く動線が悪いため、家族には不評だった。

収納のコツ

子どもの自立を促す身支度コーナー。学校用品の集中収納

3人の子どものランドセル、体操服や絵の具等を全て収納するこのスペース。1人ずつのボックスがあり、各自、自己管理しています。

1人ずつにボックスを用意し、体操服等をセッティング。自分達で翌日の準備ができる環境を作っています。

散らかることを未然に防ぐ収納環境

リビングや2階への通り道でもあるダイニング。帰宅後に散らかりやすい、鍵や腕時計等の小さい物や、ランドセル等の学校用品、それぞれの住所を一つ一つ決めることで、出しっぱなしや、他の部屋への侵食を防ぎます。また、浴室の近くであるこの部屋のチェストに下着類を納めることで、2階まで取りに行く手間を省き、家族それぞれが管理できる収納環境を作っています。

解決！

家族それぞれが管理できるよう物の住所を決めて、出し入れしやすい環境を整えましょう。

チェスト

上段 浴室に近いダイニングに家族の下着を収納。左は子どもの下着、右はご主人の下着を収納。

下段 入浴後に着る衣類を、大きさ別に収納。たたんだ衣類の輪を上にして立て、取り出しやすく。

グッズ活用！

ブックエンドを使って仕切る・立てる

衣類が倒れてこない、隣の列と混ざらないよう、ブックエンドを横にして仕切ります。

グッズ活用！

物の住所を確定したらチョイ置きしなくなった

腕時計や車の鍵等、細々とした物は一つずつ仕切れる収納ケースで定位置を作りました。P41参照。

お悩み

「爪切りや文具、テレビのリモコン……。みんな出したら出しっぱなしになるんです」

家族全員が片づけられる収納システムを作る！

家族がくつろぐ、来客を通す、時には勉強をしたり、家事もする、さまざまな顔があるリビング。人だけでなく、そこで使用する物も多く集まってくる場所なので、散らかりやすく、生活感の出やすい場所です。物が出しっぱなしになるのは、物の住所がないから。部屋にある物、全ての住所を決め、すぐに使える収納にしておけば、どこに片づけるか迷わず、出しっぱなしになりません。

テレビ周辺

埃がたまらない工夫が大事

グッズ活用！

リモコンはアクリルスタンドにまとめる

すぐに使えるようアクリルのスタンドを用いて、リモコンの住所を決めました。重なるアクリル仕切付スタンド・ハーフ 約W17.5×D6.5×H9.5㎝（無印良品）

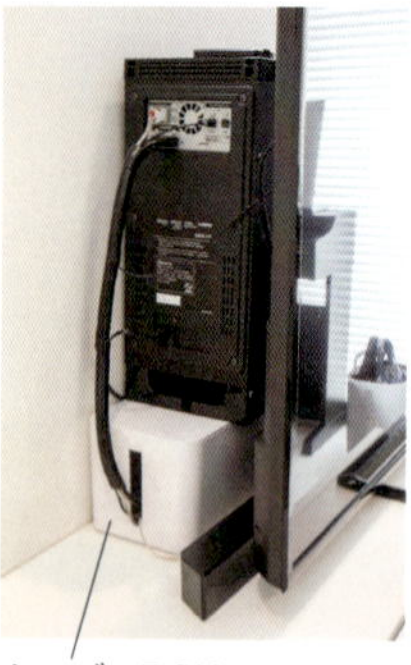

ケーブルBOX

グッズ活用！

スパイラルチューブでコードすっきり

テレビ裏の沢山のコードを一つにまとめ、見た目のきれいさと掃除のしやすさを両立。P60参照。

Case 2
Hさん宅

BEFORE

ボックスにCDやDVDを収納したけれど、2段に重ねたので下段が取り出しにくい状態。ボックスの種類がバラバラで高さも合っていないためスッキリしない。

解決!

すぐに使える場所は、すぐしまえる場所。
ベストポジションを定位置にすれば、出しっぱなしになりません。

AFTER 15㎝幅のファイルボックスでDVDをスッキリ収納

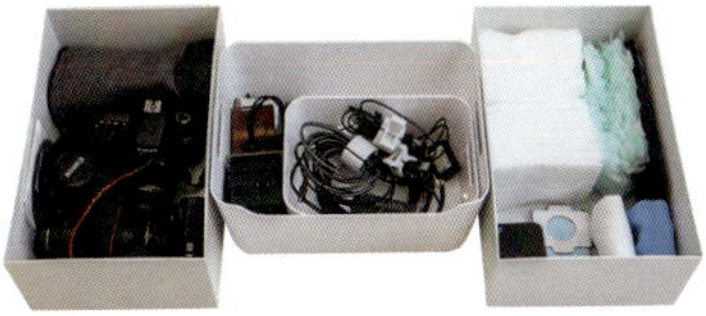

ビデオ・カメラ・充電器をまとめる

ファイルボックスにDVDやCDをまとめて収納。

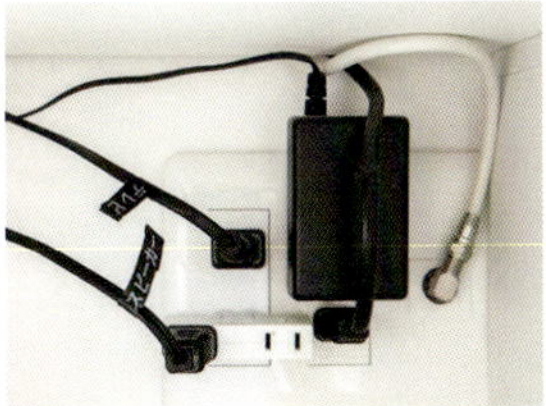

収納のコツ

コードにもラベリングを!

どのコードかすぐにわかるよう、コードごとにラベリングをしました。

収納のコツ

カラフルなバッグもまとめて美しく

子ども達のレッスンバッグを、まとめて収納。ケースに入れることで見た目がシンプルでしまいやすい。

お悩み

「造りつけの棚の中をグッズを活用して整理しましたが、どうも見た目がスッキリしません」

リビング造りつけ収納

BEFORE

ココがダメ！

女子はピンク、男子はブルーと色分けし、ハンカチを個別管理しているけれど、**カゴが小さいため、溢れている。**

ココがダメ！

色、形がバラバラなカゴを用いているので、見た目も使い勝手も悪く、何が入っているのかわからない。

ココがダメ！

空間に合っていないサイズのカゴは、収納量が少ないため、ついつい上に積み上げてしまい、てんこ盛り状態に。

スペースに合わない収納は空間の無駄遣い！

リビングをスッキリ見せるコツは、インテリアも収納も色数を少なくすること。何故なら、色の氾濫は散らかって見えるから。納める物自体に色があるので、その色を目立たなくするために、ボックスやカゴ、引き出しを活用します。スペースに合わない収納グッズは空間の無駄遣い！「取りあえず入るボックス」ではなく、高さも奥行きも、納めるスペースにピッタリ合う収納グッズを選ぶことがポイントです。

AFTER

色の氾濫は散らかって見える原因に。インテリアも収納も色数を少なくするだけで印象が変わります。

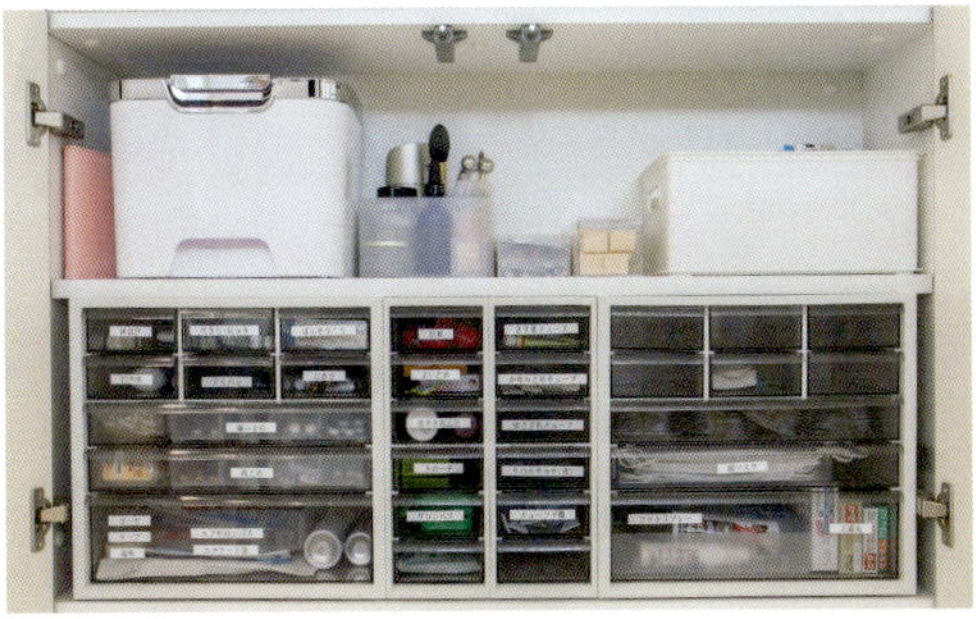

ラベルシールがあるので、どこに何があるか迷わない

引き出しの中に仕切りトレーを用い、常用、常備薬を種類ごとに分類。塗り薬や目薬は引き出しごとにグルーピングを。

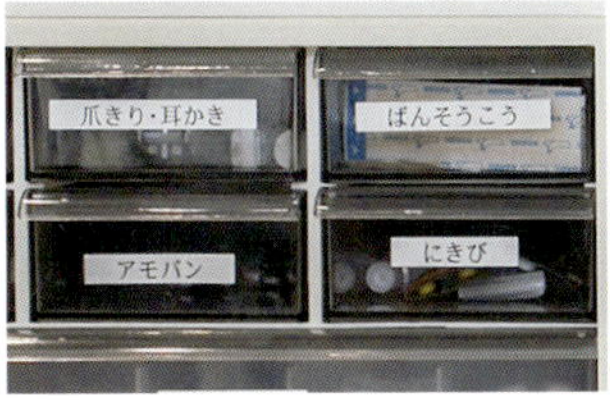

1つの引き出しに1種類のものと決めれば、片づけもラクラク

小分けできる引き出しがたくさんついた、小物キャビネットに文具を種類ごとに収納。キャビネットの上は、すぐに使いたい文具の定位置。

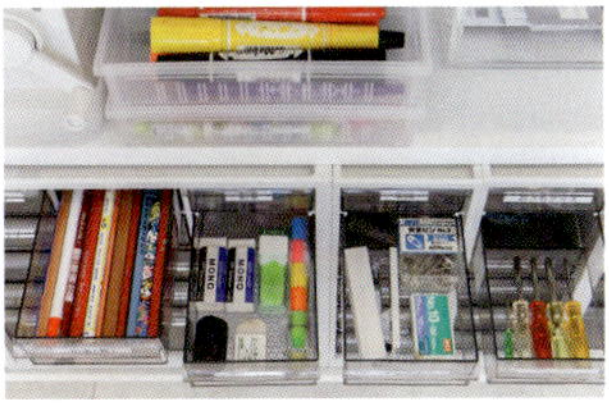

整理したことで空いたスペースは奥様の「マイコーナー」に

空間サイズに合うボックスに替え、上段は香りコーナー、下段は本コーナーにグルーピング。

お悩み

「家族5人が出かける準備でてんやわんやの洗面所。スムーズに用意ができるようにしたい」

きれいさと使いやすさを兼ね備えた洗面所

朝の洗面所は混雑しがち。集中する時間帯をスムーズに乗り切るには、物の場所を決め、支度にかかる時間を短くすること。そのためには用途ごとに物をまとめ、取り出しやすい高さに置き、定位置を決めることがポイントです。また、洗面所は来客も使うことがある場所なので、常に清潔にしておきたいところ。余分な物を置かないことで、掃除がしやすく、楽に清潔感がキープできます。

Case 2
Hさん宅

解決！

パッと見てわかる、サッと取り出せる “散らからない収納” で、朝の渋滞を緩和。

洗面台

収納のコツ

一目でわかるグルーピングで 使いやすくしまいやすい

ジャンルごとにまとめられた、鏡裏収納。ヘアゴムを見える収納にしたことで（右下）、子どもが自分で選び、結ぶようになりました。

洗濯機まわり

収納のコツ

収納もタオルも同じ色に揃えるだけで 印象が変わる

色を出さないよう、上段のファイルボックスに洗濯ネット、掃除ブラシを入れ、下段のイケアのVARIERA（小）にはカラフルな入浴剤や洗剤を。

洗面台引き出し

下段

収納のコツ

ストックを用途ごとに分類して収納

シャンプーやリンス、石鹸、歯ブラシ等、洗面所やお風呂で使う物のストックをひとまとめに。在庫数がわかりやすいよう立てて収納。

上段

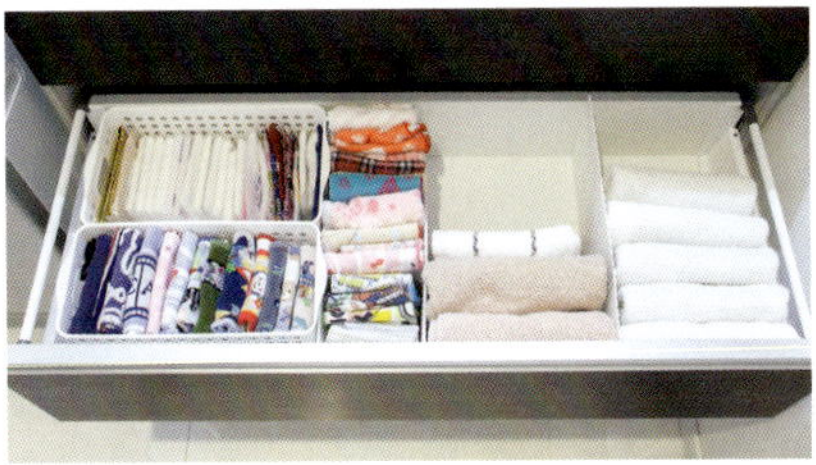

収納のコツ

子どもが自分で身支度できるシステム

子どもが自分で身支度できるように、ハンカチ・ティッシュ・タオルを収納。低学年でも届く高さがポイント。

お悩み

「玄関は『家の顔』。靴以外にもあれこれあるけど、いつもきれいな状態を保てるようにしたい」

「きちんと感」のある玄関を演出しましょう

ついつい子どものおもちゃやゴルフバッグ等のスポーツ用品を置いてしまいがちな玄関。帰宅した安心感から放置してしまう気持ちはわかりますが、玄関には不要な物は置かないのが理想。とは言え、スペース的に難しい場合もあります。そんな時は、物の置き方を工夫すること。使っていない傘は処分する、ベビーカーはたたんで自立させる等、できることからやってみましょう。

Hさん宅

玄関収納

靴以外の物はグルーピングしボックスに納めることで〝美〟収納に。

背の高いゴルフバッグは奥に収納することで、圧迫感を軽減。湿気がこもりやすいシューズクローゼットには、除湿機を設置しました。

棚板の上段は季節外の靴、中段はオンシーズンの靴、下段のインボックスには、子どもの外用おもちゃを収納しています。

帰宅後のカバン置き場も決めています

帰宅後、2階のクローゼットまで置きに行かなくていいように、上着とカバンの定位置を設けました。

玄関には靴を出しっぱなしにせず、すぐに靴箱にしまう習慣を。掃除もしやすくなります。

お悩み

「子どもたちが自主的に片づけたくなるような収納の工夫ってありませんか？」

解決！

戻す場所がわかりやすく、無理なく入る量にしてみましょう。

きれいに整っていると片づけたくなる

深くて広いベッド下の引き出しは「立てる」収納に

深くて広い引き出しは、ボックスで仕切り、立てる収納に。上から見渡せるので物が迷子になりません。

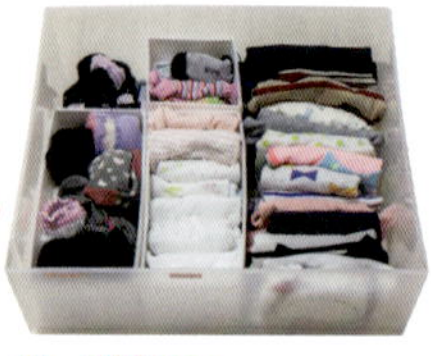

グッズ活用！

広い引き出しの中は仕切る

Tシャツ、下着、靴下が交ざらないようにイケアのSKUBBに種類ごとにまとめて収納。

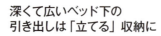

お悩み

「忙しさにかまけて、ポイ置きをしていたら、どんどん積み上がってしまい……」

解決！ 積み上げてしまう場所に鏡を設置するだけで意識が変わります。

収納量があるからこそ難しいクローゼット

一時置きの衣類が山積みになるのを防ぐため、正面の壁に鏡を設置。鏡を見えるようにするために衣類を置くことがなくなりました。

住まいをスッキリさせるDIYのヒント

カウンターの上に設置された電話機の黒いコードが白い壁に垂れて目立つため、モールを用いて、目立たないようにカバーします。

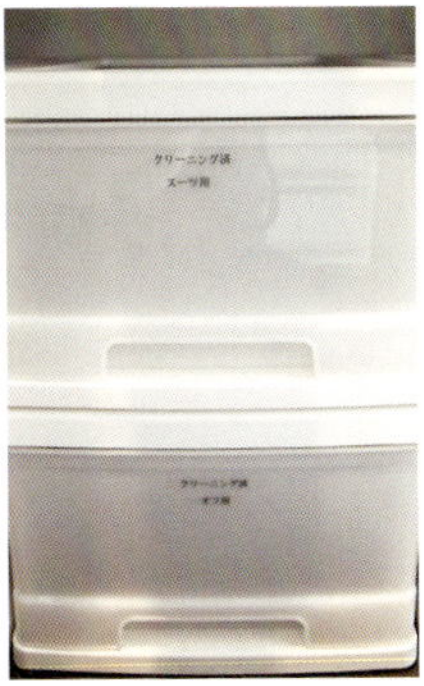

収納のコツ

“美”収納のためにラベリングは必須

引き出しの中はボックスを2段重ね、衣類小物を収納。何が入っているかを2段分ラベリング。

グッズ活用！

便利なスラックスハンガーラック

一つ一つラックから取り外せるハンガーは、ズボン類を掛けやすく、取り出しやすい。

収納についてよくある質問にお答えします ②

Q 捨てられない缶・瓶・空き箱の救済法はありますか？

どうしても処分できないきれいな缶や瓶、ありますよね。そういった物は眠らせておくのではなく、実際に使いましょう。

A

①空のまま飾る

気に入っている素敵な容器ですから、飾って日々眺めて気分よく過ごしましょう。

②使用する

密閉性の有無にかかわらず、容器ですので、何か入れることができます。紅茶缶なら紅茶を、瓶なら食品を入れて実際に使いましょう。空気だけを収納しておくのは無駄です。

飾ることができない、使用することもできない大切な物は、思い出の物です。思い出の物ばかりを集めた収納場所や箱を作り、そこに収納しておきましょう。

マリアージュフレールの缶は、開閉しやすいので、紅茶・ハーブティー・ほうじ茶パックを入れて使用しています。

Q キッチンの収納が、きれいになりません。

A 食器のグルーピングは3パターンあります。ご自身が使いやすいようにまとめましょう。

◆料理のジャンル別↓和食、洋食、中華
◆見た目別↓大きさ、色、柄、形、素材
◆シーン別↓普段の食事、ティータイム、季節別（お正月等）

きれいに納めるのが収納の目的ではありませんが、納め方のコツをちょっと知っているだけで、使いやすく、見た目も美しくなります。まずは下を参考に真似てみてください。

容器を揃えるのは、キッチンだけでなく、全ての収納に有効です。前揃えは、食器はもちろん、デコボコした家具の配置にも役立ちます。ぜひ試してみてください。

美しく見えるパターン

容器を揃える

調味料入れ・箱・カゴ等、同種のものを揃える。

前揃え

食器の奥行きに囚われず前のラインを揃える。

立てて収納

カゴ、箱、L字スタンドに立てて収納。

奥並べ

陳列棚のように同じ種類の物を奥へ並べる。

Case 3

Yさん宅

家のタイプ　集合住宅
家の間取り　2LDK
家族構成　大人2人　子ども1人

お家のお悩み解決！

「物を少なくして
整理はできていましたが、
引き出しの中に
使いやすく**収納できていない**ことが、
ずっとストレスになっていました」

収納の方法と、収納グッズ情報さえわかれば、
お悩みは解決するはずです。

お悩み

「限られたスペースをフルに活用して収納したい」

システムキッチン［シンクまわり］

解決！
複雑な形の引き出しは、
空間を四角く仕切るイメージで。

シンク下引き出し　上段

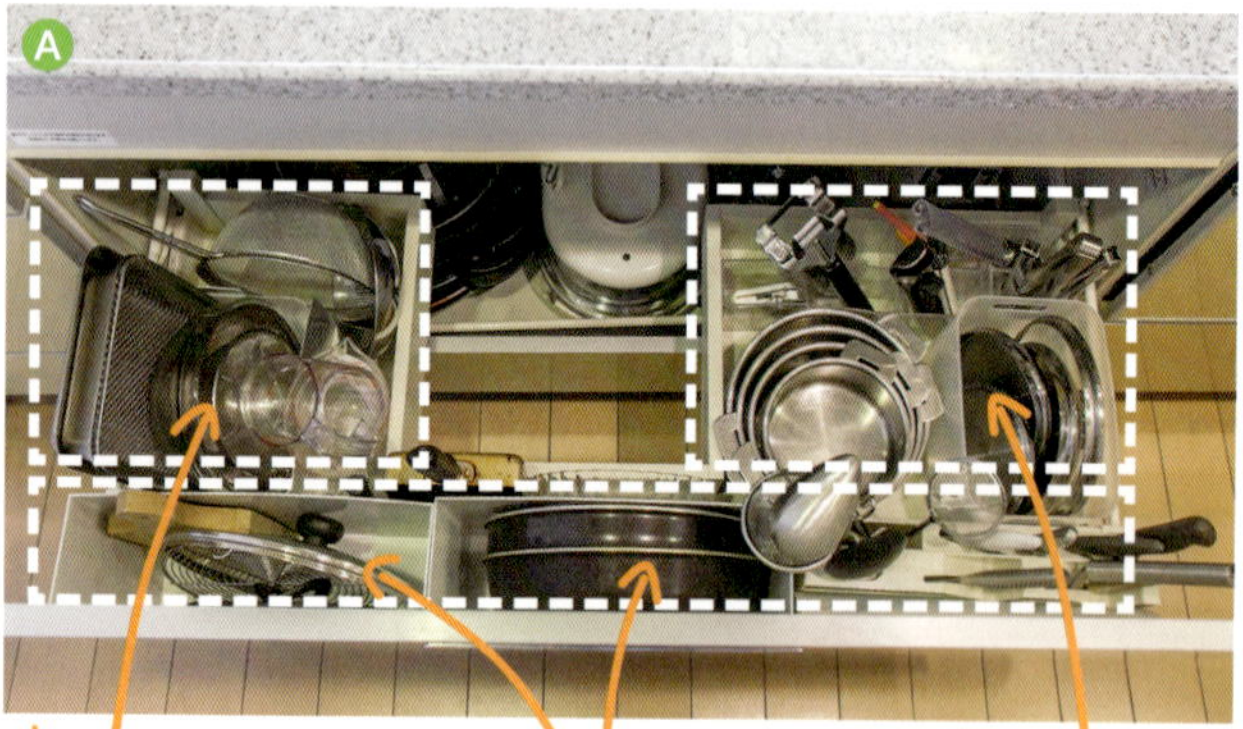

収納のコツ
深さのある引き出しは立てる！
バットやザル等は寝かせて収納しがちですが、立てたほうが取り出しやすい。

グッズ活用！
立てる収納
ファイルボックスを用いて、フライパンやフライパンのふたを立てて収納。

グッズ活用！
まとめて収納
似たサイズのふたを無印良品のボックスに一つにまとめて収納。

シンク下引き出し　下段

圧力鍋や電気鍋のような重い物は、最下段に収納。
専用のレードルと一緒に収納すると出すのも楽。

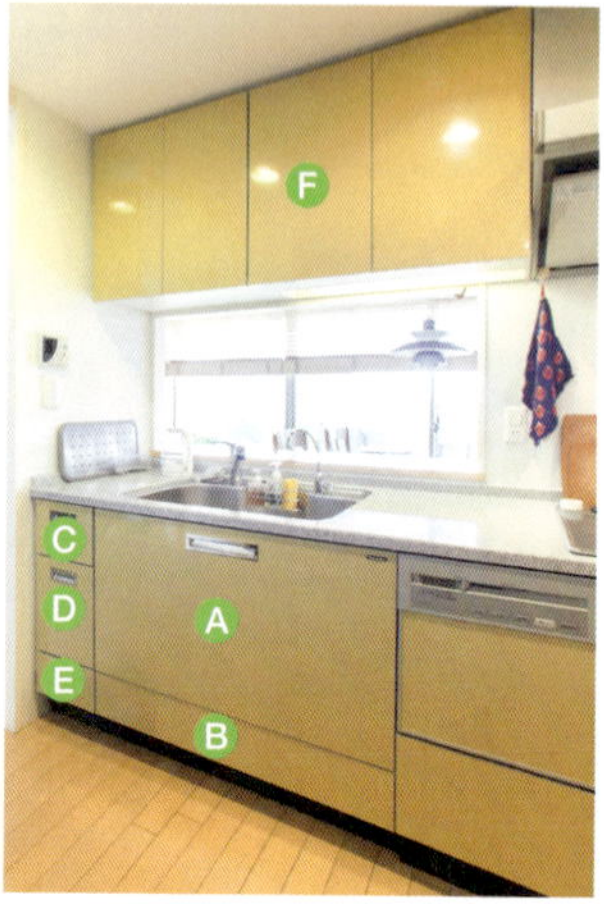

Case 3
Yさん宅

シンクサイド引き出し

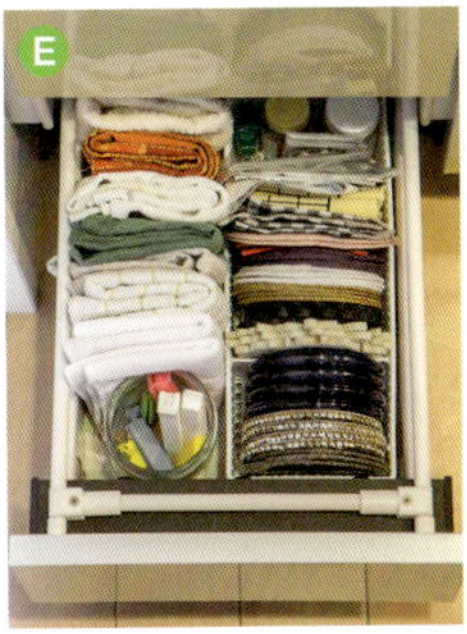

3段目

仕切りボックスを活用

茶托・コースター（右）、布巾（左）は立てて収納。P40参照。

2段目

深い引き出しは立てる

深い引き出しはボックスを利用すると、収納量を最大限使用できる。P39参照。

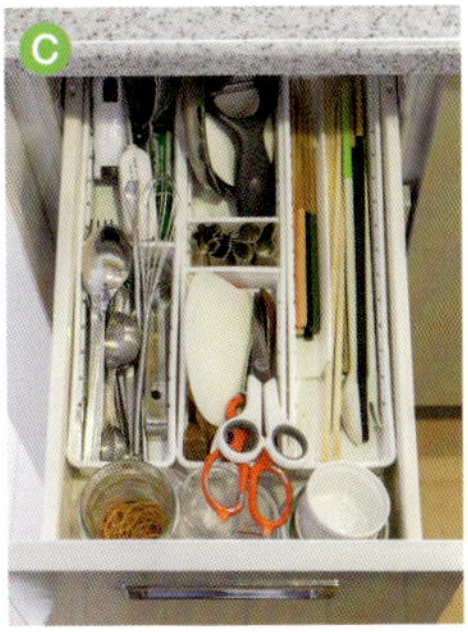

1段目

付属のトレーは外す

キッチントレースリムで、キッチンツールを細かく分類。P42参照。

吊り戸棚

寝かせて重ねて収納してしまいがちなケーキの型は立てて収納することで、取り出しやすくなります。自立しないシリコン型も立たせることができます。

解決！

高いところに物を収納するなら、取り出しやすいボックスやカゴは必須。

細かく分けることが成功への近道

製菓道具は種類・数が多く、全てを毎日使うのではないので、高いところに収納します。しかし、しまいこむと使わなくなってしまうので、すぐに取り出せる状態で収納することがポイントです。形が不揃いな製菓道具は大きなボックスにまとめて収納すると取り出しづらいので、ファイルボックスのような箱に細分化するのがおすすめです。ボックスを下ろさなくても中身が一目でわかるよう、ラベリングは必ずしましょう。

システムキッチン［コンロまわり］

ペッパーミルは挽いた粉がこぼれるため、ココットの中に収納すると掃除が楽！

コンロ下引き出し

調味料を一ヶ所にまとめるだけで時短調理につながります。

グッズ活用！

サイドが斜めにカットされた形状がおすすめ

引き出しの開閉時、背の高いボトルは倒れやすいので、カゴを利用し転倒を防止しています。

解決！

造りつけのラックの瓶の転倒防止にはカゴ等でスペースを仕切りましょう。

キッチン収納棚

紅茶・日本茶・中国茶・コーヒー等、お茶に関する物を全てここにまとめて収納。

収納のコツ

種類ごとに

グルーピング

100円ショップの仕切りボックスを用いて、お茶を種類ごとに収納しています。P40参照。

グッズ活用！

ファイルボックス

お菓子作りで使う色んな種類の材料を、高さのあるファイルボックスに収納。P36参照。

解決！

グルーピングして収納すると、取り出すのに迷いがなくなります。

お悩み

「趣味のテーブルコーディネートで使うグッズを、何とか**取り出しやすく収納したい**」

解決！

豆皿などの小さな食器は引き出しに収納すると取り出しやすくなります。

毎食使う箸置きは、取り出しやすさを最優先に手前に収納します。

カトラリーやお箸の引き出しは、使用頻度の高い物を上段に。

好きな物だからこそ日常的に使える収納を

食器やカトラリー等のテーブルグッズをたくさん持っていても、「大切だから」「もったいないから」としまいこんだり、箱に入れたままだと、使う機会も減ってしまいます。好きな食器だからこそ、毎日使えるように収納すれば、キッチンに立つのが楽しくなるはず。一番もったいないのは、しまいこんで使わないことです。毎日使うキッチンだからこそ、ストレスフリーの収納を実現させましょう。

お悩み

「収納がないリビング。生活感が出る物をどう納めるか悩みます」

解決！

家族それぞれの物をしまえるスペースを作るといいですよ。

引き出し付きのテーブルでお悩み解決！

読みかけの本や雑誌、趣味の物など、家族の物がたくさん集まってくるリビング。「片づけなさい」と言うのは簡単ですが、言わなくてもそれぞれが片づけたくなる収納環境を提供すれば、散らかりっぱなしがなくなります。テーブルに付いている大きな引き出しは、それぞれのパーソナルスペース。簡単にしまえるスペースがあるので、出しっぱなしになりません。

家族それぞれに一つずつ引き出しを割り当て、自分の物をしまえるようにしました。

Case 3
Yさん宅

お悩み

「使用頻度の低い物を目立たせず収納したい」

解決！

キャスター付きのスチールラックを使用し、頻繁に使用しない奥の物も取り出しやすく。

使用頻度で分けて前後に収納。クリスマスツリーやスーツケースはスチールラックの奥に収納しました。

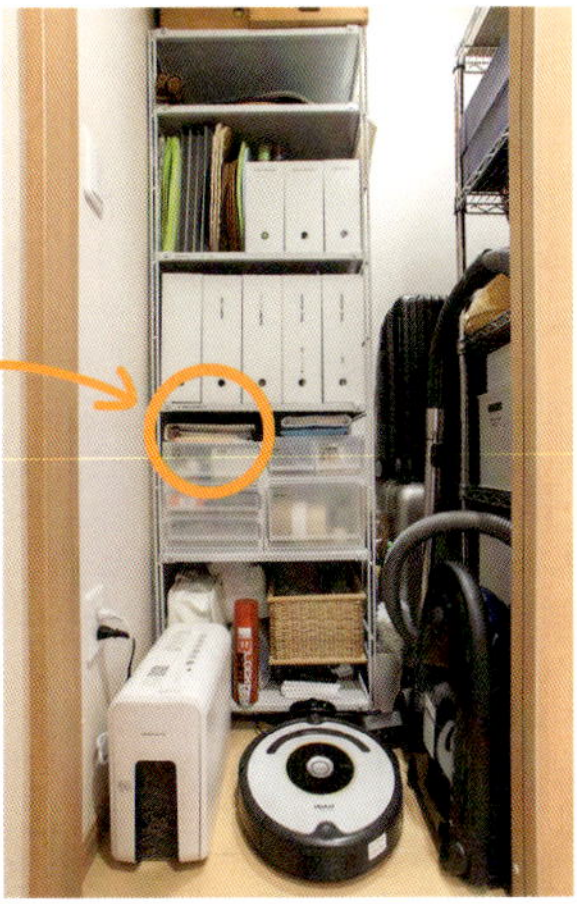

グッズ活用！

保険証・診察券を一括管理

家族ごとの保険証、診察券、お薬手帳、医療費の領収書を一冊にまとめて管理できる医療ファイル。P62参照。

グッズ活用！

ルーター収納ボックス

Wi-Fiルーターはインテリアに馴染む専用収納で隠します。ルーター収納ボックス（ベルメゾン）

Case 4

Oさん宅

家のタイプ　集合住宅
家の間取り　3LDK
家族構成　大人2人　子ども2人

お家のお悩み解決！

おもちゃ収納は子どもの成長と共に変化します

子どものおもちゃは、年齢が低いほど大きくカラフルで、成長と共に小さくなり、色もシンプルになります。子どもの年齢により、遊ぶおもちゃも変化するので、おもちゃの収納はフレキシブルであることが重要。成長に応じて、その時々に合った収納システムに作り替えていきましょう。どの年齢にも共通しているのは、対象年齢に合わない物を持たないこと、難しい収納にしないこと。小学生になったのに幼児期のおもちゃが「ただなんとなく」おもちゃ箱に入ったままのこともあります。今、必要な物を精査し、箱に入れるだけの簡単な収納にしましょう。

お悩み

「子ども部屋では、子どもたちが自主的に片づけられるようにしたい」

解決！

子どもたちが片づけやすいように、ボックスにラベリングをしましょう。

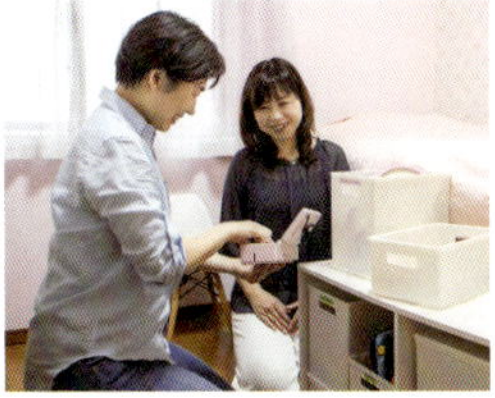

男女それぞれのおもちゃがある場合は、ラベリングで色分けするとわかりやすい。

解決！

2段ベッドの上段部分のみを残してその下のスペースを収納に利用。

収納のコツ

カラーボックスにキャスターを付ける

どこでも購入できるカラーボックスは、収納量もありおもちゃ収納におすすめ。キャスターを付ければ移動もでき、「テーブル」や「お店」に早変わり。遊びの幅も広がります。

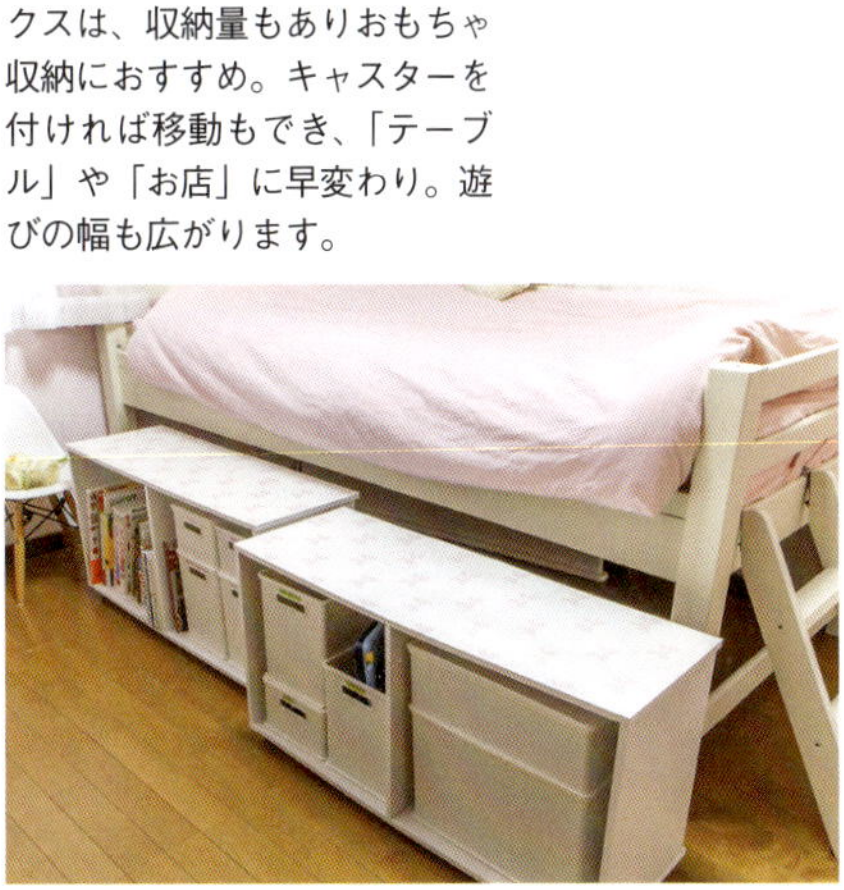

おわりに

After the Lesson

整理も収納も十人十色。本書でおすすめした物が合う家、合わない家があって当然です。「コレいいな！」と思う物があれば、収納場所のサイズを測り、ご自身の価値観に合うか考え、使う場面をシミュレーションしてから、取り入れてみましょう。仮に本書で紹介したNGグッズを使われていたとしても、ご自身が使いやすいと感じているなら、そのまま使い続けてください！　また、本書で紹介するおすすめアイテムでも、貴方がそれを使っていて、使いづらいと感じているなら、思い切って処分してください。「もったいない」という理由だけで不自由な収納を続けるなんてナンセンス！　賢い消費者になってワンランク上の収納を目指し、上質な暮らしを実現してみませんか？

収納はグッズで全て解決する訳ではないですが（整理は大事）、「グッズを駆使し、使いやすさを追求したら、美しい収納になった」のが我が家の収納です。「使いやすい＝美しい」です。そして使いやすいのは物が少ないから。少ない物をシンプルな容器に納めれば美しく見えます。

生まれてすぐに歩ける赤ちゃんがいないのと同様、いきなり完璧で、使いやすい収納を実現するのは難しいですが、整理と収納を繰り返していくことで、必ず変わり、収納も洗練されていきます。

大事なのは「どうなりたいのか？」を明確にし、それを実現していくこと。使いやすくしたい、取り出しやすくしたい、更に暮らしやすく……本書で正しい収納グッズの買い方を知り、貴方の価値観に合う収納を見つけていただければ幸いです！貴方の家の収納を、暮らしを変えるきっかけとなれば嬉しいです。

最後になりましたが、本書の出版にあたりご尽力くださった講談社の角田さん、フォトグラファーの宮前さん、デザイナーの片柳さん、実例掲載をご協力くださったOさん、Hさん、Yさん、そしてもう一人のOさんに心より感謝申し上げます。

また、いつも応援してくださる、レッスン生、受講者の皆様、ブログの読者様、スタッフ、友達、家族、私に関わる全ての方に感謝を込めて。

小西紗代

小西紗代　こにし・さよ

幼稚園教諭を経て、整理収納アドバイザー1級、風水鑑定士の資格を取得。2011年8月より整理収納サロン「神戸のちいさな収納教室」を主宰。整理収納・風水・Evernoteを用いた21世紀の開運収納を提案。雑誌、テレビ、ラジオでも幅広く活躍中。著書に『さよさんの片づけ力が身につくおうちレッスン』（扶桑社）、『さよさんの片づけが大好きになる収納教室』『さよさんの開運・整理収納術』（以上、宝島社）、『さよさんの「時短家事」スタイル』（三笠書房）がある。

ブックデザイン　片柳綾子　原 由香里　田畑知香
（DNPメディア・アート OSC）
撮影　宮前祥子
イラスト　片塩広子

講談社の実用BOOK
片《かた》づけやすさのカギは、グッズ活用術《かつようじゅつ》にある！
さよさんの「きれいが続《つづ》く」収納《しゅうのう》レッスン

2017年10月4日　第1刷発行
2017年10月25日　第2刷発行

著者　小西紗代《こにしさよ》

発行者　鈴木 哲
発行所　株式会社　講談社
〒112-8001 東京都文京区音羽2-12-21
編集　03-5395-3527
販売　03-5395-3606
業務　03-5395-3615
印刷所　大日本印刷株式会社
製本所　株式会社国宝社

ISBN978-4-06-299883-3